高等职业教育船舶与海洋工程装备类专业新形态教材

船舶管路系统调试

主　编　郑学贵　沈　蔷
副主编　陈秀双　孙月秋
参　编　孟宪东　孙文涛
　　　　吴璇璇　沈丽兰
主　审　戚倍民

北京理工大学出版社
BEIJING INSTITUTE OF TECHNOLOGY PRESS

内 容 简 介

本书是为了适应当前高等教育人才培养工作的需要，以及船舶管系发展的新趋势和新特点，按船舶动力工程技术专业培养目标和培养要求，并结合最新教学大纲而编写的，以适合广大高等院校相关专业的需求。

本书采取项目式讲解，分为船舶管路选材、调试船舶动力管系、调试船舶辅助管系、调试油船专用系统和调试散装运输液化气船舶的专用系统五个学习项目。每个学习项目基于工作过程的理念，按照最新的项目化教学方案编制，含有丰富的学习资源，有助于学生对知识进行理解和掌握。

本书内容借鉴新图纸、新工艺、大量真实案例，内容丰富、实用性强，既可作为高等院校、高级技工院校和技师（术）学院船舶动力专业的理实一体化教材，也可以作为船舶动力工程技术专业技术人员的培训教材和参考书。

版权专有　侵权必究

图书在版编目（CIP）数据

船舶管路系统调试 / 郑学贵，沈蔷主编. --北京：北京理工大学出版社，2022.1（2022.3重印）
ISBN 978-7-5763-0869-3

Ⅰ.①船⋯　Ⅱ.①郑⋯ ②沈⋯　Ⅲ.①船舶管系—调试方法　Ⅳ.①U664.84

中国版本图书馆CIP数据核字（2022）第013216号

出版发行 / 北京理工大学出版社有限责任公司
社　　址 / 北京市海淀区中关村南大街5号
邮　　编 / 100081
电　　话 /（010）68914775（总编室）
　　　　　（010）82562903（教材售后服务热线）
　　　　　（010）68944723（其他图书服务热线）
网　　址 / http://www.bitpress.com.cn
经　　销 / 全国各地新华书店
印　　刷 / 河北鑫彩博图印刷有限公司
开　　本 / 787毫米×1092毫米　1/16
印　　张 / 12　　　　　　　　　　　　　　　责任编辑 / 阎少华
字　　数 / 305千字　　　　　　　　　　　　 文案编辑 / 阎少华
版　　次 / 2022年1月第1版　2022年3月第2次印刷　责任校对 / 周瑞红
定　　价 / 39.00元　　　　　　　　　　　　　责任印制 / 边心超

图书出现印装质量问题，请拨打售后服务热线，本社负责调换

前　言

本书编写模式新颖，符合学生认知规律，根据职业标准的要求，教材编写组与行业企业合作，紧密结合生产实际，贴合职业岗位核心能力需求，采用项目化设计，知识与技能融合的方式，适应职业教育突出技德培养的要求，主要内容有以下几个方面。

1. 解读系统原理

掌握系统原理是学习管路系统的重要理论基础，通过对系统原理图的识读，对系统的基本组成、作用以及原理有准确把握，使学生能够对不同系统有整体性的思考，充分调动学生的积极性，有助于为学生后续学习管系放样与安装打下基础。

2. 图文结合

采用大量实船实景图片，采用图文结合形式，符合学生认知规律，直观生动地展现系统环境与布置，增强感性认识。

3. 完善的知识充电站

根据项目内容，设置完善的知识充电站，保留系统原理所需最基本的知识要点，即主要设备介绍和系统原理图。

4. 增加新技术

增加了压载水处理系统等内容，适应船舶管系最新发展需求。

5. 案例集锦

通过实船管路系统案例的添加，学生对所学原理的理解会更为深刻，有助于拓展学生的知识面，增强学生的知识体系性与全面性。

参加本书编写工作的有：第一主编渤海船舶职业学院郑学贵教授（负责教材大纲设计）、第二主编沈蕾讲师（编写项目一、项目二、项目三）；副主编渤海造船厂集团有限公司陈秀双高级工程师（负责教材内容校对、修订）、副主编渤海船舶职业学院孙月秋副教授（编写项目四任务三、任务四、任务五及项目五）；参编渤海船舶职业学院孟宪东实验师（负责教材资料的整理）、参编渤海船舶职业学院孙文涛副教授（负责教材题库编写）、参编渤海船舶职业学院吴璇璇讲师（负责编写项目四任务一）、参编江苏省无锡交通高等职业技术学校沈丽兰讲师（负责编写项目四任务二）；全书由江南造船(集团)有限责任公司管系高级技师戚倍民主审。

由于时间仓促，加之水平有限，书中难免存在错漏之处，恳请读者批评指正。

编　者

目 录 / Contents

01 项目一　船舶管路选材 ·· 1

任务一　船舶管路基本认知 ·· 1
一、动力管系 ·· 2
二、辅助管系 ·· 4

任务二　船用管子的材料、规格、特性及选用 ·· 8
一、管系等级 ·· 8
二、船用管子的材料、规格、特性及选用 ·· 9

任务三　船舶管路附件的选择 ·· 16
一、选择连接附件 ·· 16
二、选择常用阀件 ·· 24
三、选择滤器 ·· 35
四、选择检查和测量附件 ·· 36
五、选择热交换器 ·· 39
六、选择管路常用密封材料 ·· 42

任务四　船舶管路的计算及检验 ·· 45
一、船舶管路计算 ·· 45
二、管路质量检验 ·· 49

02 项目二　调试船舶动力管系 ·· 53

任务一　调试船舶燃油管系 ·· 53
一、燃油管系原理 ·· 54
二、主要设备及附件 ·· 56

任务二　调试船舶滑油系统 ·· 67
一、重型低速柴油机滑油系统原理 ·· 67
二、主要设备及附件 ·· 70

任务三　调试船舶冷却管系 ·· 75
一、柴油机的冷却方式 ·· 75
二、主机冷却系统原理 ·· 77
三、主要设备和附件 ·· 80

任务四　调试船舶压缩空气管系 ·· 83
一、压缩空气系统原理 ·· 84

二、主要设备及附件 ································· 84

　任务五　调试船舶排气管系 ································· 89
　　一、排气管补偿器 ································· 89
　　二、消声器 ································· 89

03 项目三　调试船舶辅助管系 ································· 95

　任务一　调试船舶舱底水管系 ································· 95
　　一、舱底水系统原理 ································· 96
　　二、主要设备和附件 ································· 96

　任务二　调试船舶压载水管系 ································· 100
　　一、压载水系统原理 ································· 100
　　二、压载水处理系统 ································· 101

　任务三　调试船舶消防管系 ································· 105
　　一、常见的灭火系统 ································· 105
　　二、二氧化碳灭火系统原理 ································· 107
　　三、主要设备及附件 ································· 107

　任务四　调试船舶供水管系 ································· 115
　　一、供水系统的组成 ································· 115
　　二、供水系统的两种供水方式 ································· 116
　　三、供水系统原理 ································· 117

　任务五　调试船舶疏排水管系 ································· 120
　　一、粪便水管路 ································· 120
　　二、疏水管路 ································· 120
　　三、甲板落水管路 ································· 121
　　四、压力式粪便水排出简图 ································· 122

04 项目四　调试油船专用系统 ································· 125

　任务一　调试货油装卸系统及扫舱系统 ································· 125
　　一、货油舱内管系 ································· 126
　　二、泵舱管系 ································· 127
　　三、甲板管系 ································· 128
　　四、货油舱扫舱系统 ································· 130
　　五、其他 ································· 131

　任务二　调试货油舱透气系统 ································· 134
　　一、货油舱透气系统的形式 ································· 134

二、透气管进出口位置和高度的要求 ·· 136

　任务三　调试油船惰性气体系统 ·· 138
　　一、惰性气体的功能 ·· 138
　　二、烟气式惰性气体系统 ·· 138
　　三、惰性气体发生装置系统 ·· 140
　　四、多功能惰性气体系统 ·· 140
　　五、惰性气体管路及安装要求 ·· 140

　任务四　调试货油舱洗舱系统 ·· 143
　　一、原油洗舱系统 ·· 143
　　二、水洗舱系统 ·· 144

　任务五　调试货油舱液位、温度和船舶吃水遥测系统 ························· 147
　　一、遥测系统的基本要求 ·· 147
　　二、遥测系统的形式 ·· 147

05 项目五　调试散装运输液化气船舶的专用系统 ······························· 152

　任务一　散装液化气船舶基本认知 ·· 152
　　一、液化气船舶的概述 ·· 153
　　二、液化天然气船的装载过程 ·· 155

　任务二　调试液货装卸系统 ·· 159
　　一、系统的组成 ·· 159
　　二、国际有关规则对液货管系的一些要求 ···································· 164

　任务三　其他系统简介 ··· 175
　　一、隔离空舱加热系统 ·· 175
　　二、氮气系统 ··· 176
　　三、可燃气体探测系统 ·· 177
　　四、过热蒸汽系统 ·· 177

参考文献 ··· 184

01　项目一　船舶管路选材

【项目描述】

船舶从依靠自身的动力装置在江河、湖泊和海洋航行的时候，为之服务的管路系统便应运而生。船舶管路按用途分为动力管系、辅助管系两大类。动力管系按其任务的不同，主要有燃油管系、滑油管系、冷却管系、压缩空气管系、进排气管系。辅助管系按其任务的不同，主要有舱底水管系、压载水管系、消防管系、供水管系、疏排水管系和通风管系。管子的选用主要应遵循保证使用要求、工艺要求及成本要求三个方面的原则。管路材质及附件主要根据管系中所输送的工质、流速、温度、压力等参数进行选择。

【学习目标】

※ 知识目标
1. 掌握系统分类；
2. 掌握系统要求。

※ 能力目标
1. 能够根据不同系统选择合适管材；
2. 能够根据不同系统选择合适的管路附件及阀件。

※ 素质目标
1. 通过自主学习，亲历探究知识的过程；
2. 通过小组合作实施任务，培养动手实践能力、团队合作精神；
3. 学会发现问题、思考问题、解决问题的方法，学会学习；
4. 形成创新精神和实践能力。

任务一　船舶管路基本认知

【任务描述】

在船舶动力装置中，管路系统泛指为专门用途而输送流体（液体或气体）的成套设备，以保证船舶动力装置可靠正常地工作以及船舶安全航行而设置的辅助机械、辅助设备、检测仪表、附件以及管路的总称，简称管系，如图 1-1-1 所示。

管路系统的基本认知

图 1-1-1 船舶管路系统

📥【知识充电站】

一、动力管系

船舶管路的动力管系是为船舶主机正常工作而设置的管系。动力管系按其任务的不同分为以下几种。

1. 燃油管系

燃油管系向船舶柴油机和燃油锅炉供应足够数量的合格燃油,以确保船舶的营运需要,如图 1-1-2 所示。

图 1-1-2 燃油管系

2. 滑油管系

滑油管系给柴油机、增压器等船舶动力装置设备供应足够的、符合质量要求的滑油,确保有关摩擦副处于良好的润滑状态，避免发生干摩擦，并在润滑中带走部分热量，起一定的冷却作用，如图 1-1-3 所示。

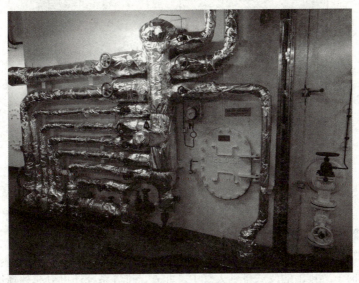

图 1-1-3　滑油管系

3. 冷却管系

船舶柴油机动力装置工作时，许多机械设备要散发出大量的热量。例如在柴油机中，燃油燃烧时所放出的热量有 25% ～ 35% 会从气缸、活塞等部件散出。为保证受热部件温度不致过高而影响正常工作，或者不致因受热负荷过大而损坏，必须及时有效地散发这些热量。通常使一定量的液体连续流经受热部件进行冷却，把这些热量携带至被冷却的机械设备以外，如图 1-1-4 所示。

图 1-1-4　冷却管系

4. 压缩空气管系

压缩空气管系由空气压缩机、减压阀、气水分离器、空气瓶等设备及各种规格管路和阀件等附件组成，如图 1-1-5 所示。

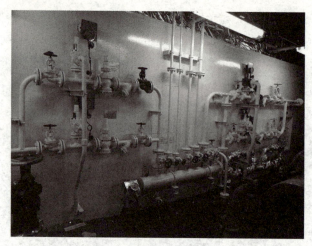

图 1-1-5 压缩空气管系

5．进排气管系

排气管系的功用是将主机、柴油发电机组、焚烧炉、锅炉、应急发电机组、应急空压机组（由柴油机驱动时）等排出的废气排到大气中。此外，排气系统还可以起到降低噪声的作用。对于装运和拖运易燃、易爆危险货物的船舶，排气管系还要起到熄灭废气中火星的作用，如图 1-1-6 所示。

图 1-1-6 进排气管系

二、辅助管系

辅助管系是保证船舶的航行性能、安全及满足船上人员日常生活需要而设置的系统。其主要包括以下几种。

1．舱底水管系

舱底水管系的功用主要是抽除舱底积水，如图 1-1-7 所示。

2．压载水管系

压载水管系是船舶在航行、装卸、停泊等各种营运状态下能保持稳性的一种重要保船系统，如图 1-1-8 所示。

图 1-1-7 舱底水管系

图 1-1-8　压载水管系

3. 消防管系
消防管系的用途是扑灭船上发生的火灾，如图 1-1-9 所示。

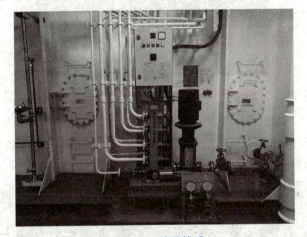

图 1-1-9　消防管系

4. 供水管系
供水管系是保证船员和旅客的日常生活需要而设置的生活用水系统，如图 1-1-10 所示。

图 1-1-10　供水管系

5．疏排水管系

疏排水管系是保持乘员正常生活的重要系统，如图 1-1-11 所示。

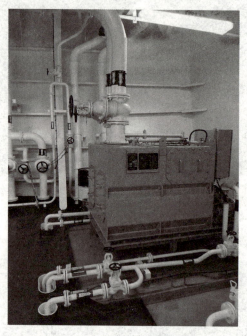

图 1-1-11　疏排水管系

6．通风管系

船舶机舱的通风是保证良好的工作环境、完善管理人员劳动和卫生条件的一项必不可少的重要措施。通风管系如图 1-1-12 所示。

图 1-1-12　通风管系

此外，一些特殊船舶（如原油运输船、化学品运输船、液化气体船等），还设一些专用系统。常见的有液货装卸系统、惰性气体保护系统及液货加热系统等。

● 【任务评价】

学习任务工单

项目	项目一　船舶管路选材		任务	任务一　船舶管路基本认知	
任务描述	在船舶动力装置中，管路系统泛指为专门用途而输送流体（液体或气体）的成套设备，以保证船舶动力装置可靠正常地工作以及船舶安全航行而设置的辅助机械、辅助设备、检测仪表、附件以及管路的总称，简称管系				
任务目标	掌握船舶管系的概念及分类				
任务要求	请根据任务描述，通过网络搜索，完成以下任务： 1. 什么是船舶管系？ 2. 船舶管系是如何分类的？				
任务思考	1. 什么是船舶管路系统？ 2. 管路系统是如何分类的？不同管路系统的作用分别是什么？				
任务实施	1. 搜集不同管路系统图片。 2. 小组代表描述不同管路系统的作用。				
任务总结					
实施人员					
任务评价	任务评分标准 <table><tr><th>序号</th><th>考核指标</th><th>分值</th><th>备注</th><th>得分</th></tr><tr><td>1</td><td>完成情况</td><td>20</td><td>在规定时间按时完成上交</td><td></td></tr><tr><td>2</td><td>完成质量</td><td>50</td><td>内容准确、全面、充实</td><td></td></tr><tr><td>3</td><td>小组活动参与度</td><td>30</td><td>高度完成小组角色，与其他成员合作完成任务</td><td></td></tr></table> 指导教师：　　　　日期：　　年　月　日				

【课后练习】

1. 简述船舶管路与管系的区别。

2. 以下选项中全部属于动力管系的是（　　）。
①燃油管系；②压载水管系；③压缩空气管系；④滑油管系；⑤消防管系；⑥进排气管系；⑦冷却管系
　　A. ①③④⑥⑦　　B. ①②⑤⑥⑦　　C. ②③④⑥⑦　　D. ①③④⑤⑦

3. 以下选项中不属于辅助管系的是（　　）。
①舱底水管系；②消防管系；③压缩空气管系；④压载水管系；⑤冷却管系；⑥疏排水管系；⑦供水管系
　　A. ②③⑥　　B. ③⑤　　C. ①②⑤　　D. ③⑤⑦

任务二　船用管子的材料、规格、特性及选用

【任务描述】

在选用船舶管子时，主要应满足使用要求、工艺要求及成本要求三个方面。管系中所输送的工质、流速、温度、压力等参数都会影响管子材料、规格的选择。不同管材由于其特性不同被应用在不同场合。

【知识充电站】

如何选择管路材质

一、管系等级

为了确定适当的试验要求、连接形式以及热处理和焊接工艺规程等，对不同用途的压力管系，按其设计压力和设计温度，一般分为三级，见表1-2-1。

表1-2-1　管系等级

管系	Ⅰ级		Ⅱ级		Ⅲ级	
	设计压力/MPa	设计温度/℃	设计压力/MPa	设计温度/℃	设计压力/MPa	设计温度/℃
蒸汽和热油	>1.6	>300	≤1.6	≤300	≤0.7	≤170
燃油	>1.6	>150	≤1.6	≤150	≤0.7	≤60

续表

管系	Ⅰ级		Ⅱ级		Ⅲ级	
	设计压力/MPa	设计温度/℃	设计压力/MPa	设计温度/℃	设计压力/MPa	设计温度/℃
其他介质	> 4.0	> 300	≤ 4.0	≤ 300	≤ 1.6	≤ 200

注：①当管系的设计压力和设计温度，其中一个参数达到表中Ⅰ级规定时，即定为Ⅰ级管系；当管系的设计压力和设计温度均达到表中Ⅱ级和Ⅲ级规定时，即定为Ⅱ级管系和Ⅲ级管系。
②有毒和腐蚀介质、加热温度超过其闪点的可燃介质和闪点低于 60 ℃ 的介质，以及液化气体等一般为Ⅰ级管系；如设有安全保护措施以防泄漏和泄漏后产生的后果，也可为Ⅱ级管系，但有毒介质除外。
③货油管系一般为Ⅲ级管系。
④不受压的开式管系，如泄水管、溢流管、透气管和锅炉放气管等为Ⅲ级管系。
⑤其他介质指空气、水、滑油和液压油等。
⑥热油指热油系统的循环油液。

二、船用管子的材料、规格、特性及选用

（一）管子的材料、规格和特性

管子（图 1-2-1）是用来输送各种工作介质的通道，各种工作介质的压力、温度、流量及腐蚀性的不同，决定了管子的种类、规格的繁多及具有不同的特性。

在各类船舶上常用的管子主要有三大类别，即金属管、非金属管、复合管。下面对几种船舶上常用的管材予以介绍。

1. 钢管

钢管按制造工艺分为有缝钢管和无缝钢管两类，钢管的材料有普通碳素钢、优质碳素钢、合金钢和不锈钢等，主要用于Ⅰ级和Ⅱ级管系的管子。

（1）无缝钢管。制造无缝钢管（图 1-2-2）的材料牌号一般为 10 号、20 号、30 号等优质碳素钢，及 A2、A3、A4 等普通碳素钢，合金钢则为 10Mn2、09Mn2V、16Mn、15MnV、12MnOV 等，不锈钢多为 0Cr18Ni9Ti、1Cr18Ni、10Ti、1Cr18Ni10Ti 等。

图 1-2-1 船用管子

图 1-2-2 无缝钢管

无缝钢管是由圆坯加热后，经穿管机穿孔轧制（热轧）而成，或者经过冷拔成为外径较小的管子。

由于无缝钢管具有足够的强度，良好的延伸率和工艺性（既可冷弯，也可热弯并具有良好的焊接性），所以在船舶各管系中应用得最为广泛。例如，蒸汽管、燃油管、滑油管、压缩空气管、冷却水管、消防管等，规格见表1-2-2。

表1-2-2 钢管外径与最小公称壁厚

外径 D/mm	最小公称壁厚 δ/mm			
	一般用管 ③④⑥⑧⑨⑩	与船体结构有关的舱柜的空气管、溢流管和测量管 ①②③④⑥⑦⑧	舱底、压载水管和一般海水管 ①③④⑤⑥⑦⑧	通过压载舱和燃油舱的舱底水管、空气管、溢流管和测量管，通过燃油舱的压载管和通过压载舱的燃油管 ①②③④⑤⑥⑦⑧
10.2～12	1.6			
13.5～17.2	1.8			
20	2.0			
21.3～25	2.0		3.2	
26.9～33.7	2.0	4.5	3.2	6.3
38～44.5	2.0		3.6	
48.3	2.3	4.5	3.6	6.3
51～63.5	2.3	4.5	4.0	6.3
70	2.6	4.5	4.0	6.3
76.1～82.5	2.6	4.5	4.5	6.3
88.9～105	2.9	4.5	4.5	7.1
114.3～127	3.2	4.5	4.5	8.0
133～139.7	3.6	4.5	4.5	8.0
152.4～168.3	4.0	4.5	4.5	8.8
177.8	4.5	5.0	5.0	8.8
193.7	4.5	5.4	5.4	8.8
219.1	4.5	5.9	5.4	8.8
244.5～273	5.0	6.3	6.3	8.8
298.5～368	5.6	6.3	6.3	8.8
406.4～457	6.3	6.3	6.3	8.8

注：①具有有效防腐蚀措施的管子，其最小壁厚可适当减薄，但减薄最多不超过1 mm；
②除液货闪点低于60 ℃的液货舱测量管外，表列测量管的最小壁厚适用液舱外部的测量管；
③允许采用的螺纹管最小壁厚应自螺纹根部量起；
④焊接钢管和无缝钢管的外径和壁厚的数值取自ISO的推荐文件R336，若按其他标准选取管子壁厚可允许适当减小；
⑤通过深舱的舱底水管和压载水管的最小壁厚应另行考虑；
⑥直径较大的管子的最小壁厚另行考虑；
⑦舱底、测量、空气和溢流管的最小内径：舱底管 $d=50$ mm，测量管 $d=32$ mm，空气和溢流管 $d=50$ mm；
⑧本表所列的最小壁厚一般是指公称壁厚，因此不必考虑负公差和弯曲减薄余量；
⑨排气管的最小壁厚另行考虑；
⑩货油管的最小壁厚应另行考虑。

不锈钢管也属于无缝钢管的范畴，它除具备一般无缝钢管的特性外，还具有耐腐蚀性强，在高温下不易被氧化，不结皮，并保持较高的机械性能等特点，但是这种管子不宜热弯，在大量含有氯离子的介质中易产生应力腐蚀，它除用于潜艇中高温、高压、高清洁度、工作介质的腐蚀性大的特殊系统外，一般船舶不宜采用，规格见表1-2-3。

表1-2-3 不锈钢管外径与最小公称壁厚

管子外径 D/mm	最小公称壁厚 δ/mm
≤ 10	1.0
11～18	1.5
19～83	2.0
84～169	2.5
170～246	3.0
247～340	3.5
341～426	4.0
427～511	4.5
512～597	5.0

（2）有缝钢管。这类钢管是由钢板卷曲后经焊接而成的，根据表面颜色又分两种：一种为了提高钢管的抗腐蚀能力，在管子表面镀上一层耐腐蚀的锌层，由于镀锌后的管壁内外表面呈银白色，人们习惯称为白铁管；另一种没有镀锌的有缝钢管统称为黑铁管。

制造这类管子的材料牌号有 A2、A3、B2、B3 等钢，A 类钢多用于船舶。

由于有缝钢管（图 1-2-3）所选用的材料无严格要求，故其力学性能也相对较差。白铁管只适用于常温和工作压力 $P ≤ 0.1$ MPa 以下的日用水、卫生水、舱底水等系统，黑铁管可用于输送低温低压的水和油等工作介质，有时也可用于低压的废气和蒸汽系统。

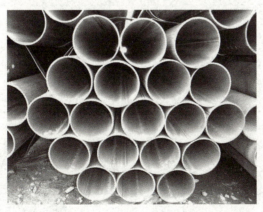

图 1-2-3 有缝钢管

2. 铜管

常用的铜管有紫铜管和黄铜管两种，紫铜管由含铜量99.5％以上的纯铜拉制和挤制而成；黄铜管由铜基合金制成，两者相比，紫铜管的韧性稍高一些，黄铜管的强度稍高一些。

（1）紫铜管。紫铜管（图 1-2-4）经退火后，质地柔软，工艺性好，具有很高的塑性和耐蚀性，它不适用高温、高压系统，再加之价格较高，在一般的船舶上，只用于压力表管或直径 $\phi \leqslant 14$ mm 的液压油类管，但在舰艇上得到广泛应用，如海水系统、液压系统、滑油系统等。

图 1-2-4　紫铜管

常用的紫铜管材料牌号有 T1、T2、T3、T4、TUP 等，由制造厂供应的紫铜管均未退火，故在加工过程中，首先应对弯曲部位进行退火，退火温度一般为 550 ℃～ 650 ℃，规格见表 1-2-4。

表 1-2-4　铜和铜合金管外径与最小公称壁厚

外径 D/mm	最小公称壁厚 δ/mm	
	铜	铜合金
8～10	1.0	0.8
12～20	1.2	1.0
25～44.5	1.5	1.2
50～76.1	2.0	1.5
88.9～108	2.5	2.0
133～159	3.0	2.5
193.7～267	3.5	3.0
273～470	4.0	3.5
508	4.5	4.0

注：①外径和壁厚的数值取自 ISO 标准；
②若按其他标准选取管径，管子壁厚可允许适当减小。

（2）黄铜管。黄铜管（图 1-2-5）的特点是抗海水及空气的腐蚀能力很强，而且有很好的热导率，但由于冶炼困难产量少，价格较高，一般只用于热交换器的管束及通话管。

黄铜管系由 H62，H68，锡黄铜 HSn70-1、HSn62-1，铅黄铜 HPb59-1，铁黄铜 HFe59-1-1 等拉制或挤制而成，黄铜管在加工过程中也均应首先进行退火处理。

图 1-2-5　黄铜管

3. 铝管

铝管（图 1-2-6）是拉制或挤制而成的无缝管，一般船舶铝管由硬铝合金拉制而成。主要优点是重量轻、耐腐蚀、塑性好、易加工，常为一般轻型快艇所采用。由于其力学性能不及铜管，只适用低温、低压的场合，如燃油管、滑油管、冷却水管路等。

图 1-2-6　铝管

常用的铝管牌号有 LF2-M 防锈合金铝、LF2、LF21、LY11、LY12 等。这种管子既可冷弯、也可热弯，冷弯前需经退火处理。

4. 钛合金管

钛合金是问世不久的新型材料，用这种材料制造的管子优于无缝钢管和紫铜管，且又克服了无缝钢管耐腐蚀性差、紫铜管强度低的问题，但由于其价格很高、规格较少，所以，它目前的应用只局限于舰艇上某些特殊的场合（图 1-2-7）。

5. 塑料管

塑料管（图 1-2-8）一般由耐冲击聚氯乙烯制成（其重量轻，比目前船上常用的任何一种金属管都轻），耐腐蚀性能强，还具有摩阻小、绝缘、隔声、吸振、耐磨、绝热和不需油漆、加工与安装工艺较简便等优越性，但是也存在着强度低，耐热、防火性能差，膨胀系数大，易老化，破损不易修补，焊接温度不易控制等缺陷。所以，目前这种管子仅用于工作温度为 0 ℃～+60 ℃，工作压力小于 0.6 MPa 的管系，如甲板排水管、污水管、洗涤水管、空气管等。随着塑料管的材料性能不断改进，制造工艺的不断完善，必将会获得广泛的应用。

图 1-2-7　钛合金管

图 1-2-8　塑料管

6. 玻璃管和有机玻璃管

玻璃管（图 1-2-9）的优点是耐化学腐蚀性能好，清洁、透明、易于清洗，流动阻力小，价格低；缺点是耐压低，容易损坏。玻璃管可用于温度为 −30 ℃～+150 ℃ 且温度急变不超过 80 ℃ 的介质，高强度玻璃管的工作压力可达 0.8 MPa。

有机玻璃管除了具有玻璃管的优点外，还具有强度高、耐温性能好等优点，适用有腐蚀性介质的管道。

7. 橡胶管

橡胶管（图 1-2-10）能耐多种酸碱液的腐蚀，但不耐硝酸、有机酸和石油产品的腐蚀。可用作抽吸管、压力管和蒸汽管等。

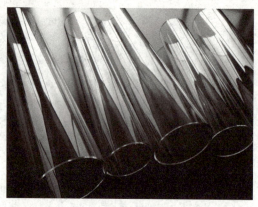

图 1-2-9　玻璃管

图 1-2-10　橡胶管

8. 双金属管

所谓的双金属管（图 1-2-11）是指管壁由两层不同的金属组合而成的管子，即外层为 10 号优质碳素钢，内层为镀有 0.6～0.8 mm 厚的 T4 号铜制成，管子的外径 D 为 6～70 mm，壁厚 δ 为 1.5～6 mm，管长 L 为 3～7 m。

这种管子具备了钢管和紫铜管的双重特点，既有较高的机械强度，又有较强的耐腐蚀能力，因此，它一般专用于高压空气管路，常用于舰艇上。这种管子加工较困难，因钢和铜的熔点、机械性能都不同，所以最好采用冷弯工艺。

图 1-2-11　双金属管

（二）管子的选用原则

管子的选用主要应遵循保证使用要求、工艺要求及成本要求三个方面的原则。

1. 使用要求

使用要求主要是指管系对管子的机械强度、刚度、尺寸大小、重量、抗腐蚀能力、耐热性等的要求。不同系统中的管子除要满足管内流通的工作介质在压力、温度、流量、抗腐蚀等方面的要求外，还应考虑是否受水击、振动等外界环境条件。

2. 工艺要求

选用管子在满足使用要求的前提下，还应达到弯曲、焊接、安装、维护保养、检修等方面的工艺技术条件。

3. 成本要求

选用管材的过程中，在考虑使用要求和工艺要求的同时，还要防止大材小用，优材劣用。在符合使用要求的前提下，尽最大努力降低船舶的建造成本，船舶设计阶段是实现这个目标的最佳时机。

综上所述，管子的选用需要考虑各方面的要求，但是在许多情况下，选出同时满足上述各方面要求的管子，也是很困难的，因此，首先要抓住主要矛盾，即满足工作介质的压力、温度和腐蚀性对管子的要求，其次，兼顾其他方面的要求，在此基础上，最后按照有关规范和标准进行，尽量减少规格的数量和不常采用的规格牌号。

●【任务评价】

学习任务工单

项目	项目一 船舶管路选材	任务	任务二 船用管子的材料、规格、特性及选用
任务描述	管子是用来输送各种工作介质的通道,由于各种工作介质的压力、温度、流量及腐蚀性的不同,也就决定了管子的种类、规格的繁多及具有不同的特性			
任务目标	1. 掌握不同管材特性及应用场合。 2. 掌握管子选用原则			
任务思考	1. 管系是如何划分等级的? 2. 常见的管路材质有哪些? 3. 管材选用时,应遵循什么原则?			
任务实施	1. 搜集不同管材图片,并说明它们的特性。 2. 为不同船舶管系选择合适管材。			
任务总结				
实施人员				

任务评分标准

序号	考核指标	分值	备注	得分
1	完成情况	20	在规定时间按时完成上交	
2	完成质量	50	内容准确、全面、充实	
3	小组活动参与度	30	高度完成小组角色,与其他成员合作完成任务	

指导教师: 　　　　日期:　　年　月　日

● 【课后练习】

请根据所学内容，填写表格。

管材＼特性	优点	缺点	应用场合
无缝钢管			
有缝钢管			
不锈钢管			
紫铜管			
黄铜管			
铝管			
钛合金管			
塑料管			
玻璃管和有机玻璃管			
橡胶管			

任务三　船舶管路附件的选择

【任务描述】

船舶管路中包括各种附件：连接附件、常用阀件、滤器、检查和测量附件、热交换器、管路常用密封材料。连接附件的用途是将管系中的机械、设备、仪表、附件和管子等相互连接起来。船舶常用的连接附件有法兰连接、螺纹连接、夹布胶管连接、焊缝连接、通舱管件和座板连接、膨胀接头等。滤器的作用是过滤掉工作介质中的杂质，以保证系统中的机械和设备等正常工作。此外，为了检查和测量系统中的机械和设备的压力、温度、液位等，必须设置各种检查和测量附件，以便随时了解和判别系统的工作情况，进行必要的调整或采取相应的措施。此外，还有很多其他的附件，它们在系统运行中也发挥着十分重要的作用。

【知识充电站】

一、选择连接附件

（一）法兰连接

法兰连接是目前船舶管路连接最主要的形式。它的优点是结合强度高、拆装方便、适用范围广，可适用绝大多数管路的连接。法兰连接的材料和结构形式很多，目前最常用的法兰连接有搭焊钢法兰、对焊钢法兰和扁圆形焊接钢法兰三种形式。

法兰连接

1. 搭焊钢法兰（CB/T 46—2007）

图 1-3-1 所示为船用搭焊钢法兰。这种法兰的特点是制造简单、结合可靠，但不能承受较高的压力，适用于公称压力 $PN \leq 1.6$ MPa（16 kgf/cm^2）和工作温度 $t \leq 300$ ℃的管路。它的公称通径 DN 为 20～500 mm。搭焊钢法兰的制作材料为 A3。法兰选用时，要注意公称通径与适用公称压力（0.6 MPa、1.0 MPa、1.6 MPa）之间的相互配合关系，因为相同的公称通径与不同的公称压力配合时，法兰的规格尺寸可能相同，也可能不同。

图 1-3-1 搭焊钢法兰

（1）公称通径 $DN = 20$～50 mm，无论其公称压力 $PN = 0.6$、1.0、1.6 MPa，都是同一种规格尺寸。

（2）公称通径 $DN = 65$～150 mm，公称压力 $PN = 0.6$、1.0 MPa 时为一种规格尺寸；公称压力 $PN = 1.6$ MPa 时为另一种规格尺寸。

（3）公称通径 $DN = 175$～500 mm，则有三种规格尺寸。公称压力 $PN = 0.6$ MPa 时为一种；$PN = 1.0$ MPa 时为另一种；$PN = 1.6$ MPa 时为第三种。

法兰规格尺寸的不同，主要表现在法兰的外径 D、螺孔中心圆直径 D_1、法兰厚度 b、螺孔直径 d（配螺栓直径）和螺孔个数 n 的不同等方面。一般来说，随着公称压力的增大，要相应增大法兰的外圆、厚度并增加连接螺栓的个数和直径。例如，$DN = 65$ mm，$PN = 0.6$、1.0 MPa 的搭焊钢法兰，其外径为 155 mm，厚度为 14 mm，螺孔直径为 15 mm（用 M14 螺栓），螺孔数为 6；而 $DN = 65$ mm，$PN = 1.6$ MPa 的搭焊钢法兰，其相应尺寸分别为 170 mm、18 mm、17 mm 和 8。

此外，选用法兰时还要特别注意法兰内径 d_n。法兰内径 d_n 要与管子外径 D_w 相配合，由于法兰标准中的内径 d_n 是与无缝钢管、焊接钢管配合的，如使用镀锌钢管（水、煤气管）时，该尺寸要做相应更改。

管子与法兰搭焊时，要求管子中心线与法兰端面保持垂直。搭焊钢法兰无论采用单面焊接还是双面焊接，管子端面插入法兰的位置都应距法兰端面（端距 h）4～6 mm。

搭焊钢法兰的密封面上再车出 2～3 道三角形的环形槽（法兰线），其作用是当一对法兰连接时，法兰间的垫片就被压入槽内，从而提高法兰的密封性。连接螺栓旋紧时，要按"十字交叉法"顺序进行，以便垫片各处受力均匀，保证其密封性。固紧的螺栓露出螺母的长度应为 1～2 牙。

2. 对焊钢法兰（CB/T 4327—2013）

船用对焊钢法兰的材料用 A3 钢（$PN = 2.5$ MPa）或 A4 钢 [$PN = 4.0$、6.4（MPa）] 制造，也允许用铸钢浇铸毛坯，并经锻造和热处理后制成。

船用对焊钢法兰有两种结构形式。图 1-3-2（a）所示为一般的铸钢对焊法兰，其密封面采用三角密封槽（法兰线）形式，适用公称压力 $PN \leq 2.5$ MPa（25 kgf/cm^2）和工作温度 $t \leq 400$ ℃的管路，公称通径为 $DN = 20$～400 mm。图 1-3-2（b）所示为有凸肩的铸钢对焊法兰，其密封面采用具有定心和密封作用的凹凸密封形式，因此能承受更高的压力。根据公称压力的不同，分为两级：公称压力 $PN = 4.0$ MPa，公称通径 $DN = 20$～350 mm；公称压力 $PN = 6.4$ MPa，公称通径 $DN = 20$～300 mm。它们的工作温度 $t \leq 400$ ℃。对焊钢法兰主要用于蒸汽、压缩空气、液压等高压、高温管路。

图 1-3-2 对焊钢法兰

（a）一般铸钢； （b）有凸肩铸钢

3. 扁圆形焊接钢法兰（CB/T 3847—1999）

图 1-3-3 所示为船用扁圆形焊接钢法兰，其制造材料为 A3 钢。这种法兰的形状为扁圆形，由于只使用两个螺栓连接，法兰接合面的四周受力是不均匀的；同时采用三角密封槽的密封形式，因此这种法兰只适用公称压力 $PN ≤ 0.6$ MPa 和工作温度 $t ≤ 200$ ℃ 的管路上，它的公称通径 $DN = 15 ~ 65$ mm。

扁圆形焊接钢法兰除用于有海水腐蚀等场合外，一般都采用单面焊接，其余要求基本与搭焊钢法兰相同。

图 1-3-3 扁圆形焊接钢法兰

4. 法兰标准的标记

船用法兰是标准产品。它的标记方式，如 $PN = 16$ kgf/cm², $DN = 50$ mm 的船用搭焊钢法兰，写成：法兰 16050 CB/T 46—2007。其中，前两位数字 16 代表公称压力 $PN = 16$ kgf/cm²，后三位数字 050 代表公称通径 $DN = 50$ mm，CB/T 46—2007 代表船用搭焊钢法兰。同样，法兰 40100 CB/T 4327—2013 就代表了 $PN = 40$ kgf/cm², $DN = 100$ mm 的船用对焊钢法兰。

这里要注意：标记中的公称压力是用公制压力单位，它与国际单位的换算一般取 1 kgf/cm² ≈ 0.1 MPa。

5. 连接螺栓的选用

船用法兰的连接螺栓一般使用精度普通的粗牙螺纹。螺栓和螺母的材料为优质碳素钢，为了避免由于旋紧后而使螺栓损伤，螺栓用钢的硬度要大于螺母用钢的硬度，如螺栓用 20 钢，螺母则用 15 钢。

下面以船用搭焊钢法兰为例，简单介绍连接螺栓的选用。连接螺栓除了螺栓材料为 20 钢和螺母材料为 15 钢外，主要考虑螺栓的直径 M 和长度 l。螺栓的直径 M 应比法兰螺孔直径 d 小 1 ~ 2 mm。螺栓的长度 l 应为法兰旋紧后露出螺母 1 ~ 2 牙，即

$$l = 2b + H + \delta + (1 ~ 2)t$$

式中　l——螺栓长度（mm）；

　　　b——法兰厚度（mm）；

　　　H——螺母厚度（mm）；

　　　δ——垫片厚度（mm），其中，石棉橡胶 $\delta = 2$，夹布橡皮 $\delta = 3$；

　　　t——螺距（mm）。

由于螺栓的长度已标准化，计算出的理论长度 l 应转化成标准长度 L，螺栓的标准长度有：20，25，30，35，40，45，50，55，60，65，70，75，80，90，100，110，120，130，140，

150，160，180，200，220，240，260，280，300 mm 等。

常用连接螺栓的螺距 t 和螺母厚度 H 见表 1-3-1。

表 1-3-1　常用连接螺栓螺距 t 和螺母厚度 H　　　　　　　　　mm

M	6	8	10	12	14	16	18	20	22	24
t	1	1.25	1.5	1.75	2	2	2.5	2.5	2.5	3
H	5	6	8	10	11	13	14	16	18	19

例 1-3-1：一对法兰（16065 CB/T 46—2007）使用石棉橡胶垫片连接时，应选用的连接螺栓的规格如何？

解：已知法兰厚度 $b = 18$ mm，螺孔直径 $d = 17$ mm，$\delta = 2$ mm。

$M = d - (1 \sim 2) = 17 - (1 \sim 2) = 15 \sim 16$（mm）

M 取 16 mm。

M16 的 $t = 2$，$H = 13$。

$l = 2b + H + d + (1 \sim 2)t = 2 \times 18 + 13 + 2 + (1 \sim 2) \times 2 = 53 \sim 55$（mm）

L 取 55 mm。

所取螺栓的规格为 M16×55。

6．法兰焊接与安装的注意事项

（1）管子切割面与管子中心线要保持垂直，切口要修整光顺，及时去除割渣、毛刺和氧化物。

（2）对于搭焊钢法兰和扁圆形焊接钢法兰要保持端距 $h = 4 \sim 6$ mm，管子与法兰点焊时要保持管子中心线与法兰端面垂直，不垂直度小于 30′；用于对焊钢法兰连接的管子，其管口应做 60°坡口，管子与法兰点焊时要保持同心度在 1 mm 之内。

（3）根据管内介质的工况和管子的公称通径，合理选用垫片的材料和规格，特别要注意防止"大法兰小垫片"的情况出现。

（4）正确选用连接螺栓的直径和长度，用"十字交叉法"旋紧螺栓，螺栓长度以旋紧后露出 1～2 牙为宜。

此外，在修造船过程中，还可能碰到其他各种的铜法兰、松套法兰及折边松套法兰等，它们的适用范围和工艺要求可参看有关的标准。

（二）螺纹连接

当管子与管子及管子与机械、设备、附件之间是利用螺纹进行连接时，这种连接方式称为螺纹连接。螺纹连接主要有管子螺纹接头、卡套接头和由任接头三种形式。这种连接方式的优点是拆装方便，占用空间位置小，布置紧凑。

其他方式连接

1．管子螺纹接头

管子螺纹接头有平肩螺纹接头和锥面螺纹接头两种。

（1）平肩螺纹接头。常用的平肩螺纹接头有中间接头和旋入接头两种。

①图 1-3-4（a）所示为中间接头，用于管路中两段管子的连接，也可以直接焊在总管上作开支管之用。

②图 1-3-4（b）所示为旋入接头，用于管子与机械设备、附件间的连接。旋入接头的螺

纹有公制细牙（M14×1.5～M42×2）和圆柱形管螺纹$\left(G\frac{1}{4}''～G1\frac{1}{4}''\right)$两种，选用时不可搞错。

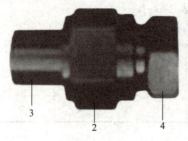

图 1-3-4　平肩螺纹接头

(a) 中间接头；(b) 旋入接头

1—旋入接头；2—外套螺母；3—平肩接头；4—连接接头

旋入接头 1 与机械设备或附件的螺纹接座连接，为了保证接头与接座的密封，中间必须垫以外垫圈。管子用气焊方式与平肩接头 3 进行对接焊或套接焊，然后用外套螺母 2 将平肩接头 3 与连接接头 4 连接在一起（连接螺纹为 M16×1.5～M45×2），为了保证接头连接处的密封，还要加装一只内垫圈。

平肩螺纹接头的接头材料采用普通碳素钢，外套螺母用普通碳素钢或锰黄铜，外垫圈用石棉橡胶板，内垫圈用紫铜或塑料等。这种平肩螺纹接头适用公称压力小于 1.6 MPa 的海水、淡水、油、空气和温度≤250 ℃的蒸汽管路上，它的公称通径为 6～32 mm。

（2）锥面螺纹接头。锥面螺纹接头的结构形式基本上与平肩螺纹接头相同，其主要区别就是接头间的接触面不是平面而是一个锥面（图 1-3-5）。外套螺母将两个锥面（接头常用圆锥面）紧密接触而保证其密封性能，从而达到不用垫圈的目的。

锥面螺纹接头按其用途有旋入接头、中间接头和支管接头三种。接头材料用 35 号优质碳素钢制造，公称通径为 4～25 mm，公称压力为 4 MPa，全部采用公制细牙螺纹（M14×1.5～M39×2）连接，主要用于船用柴油机高压燃油管路上。

图 1-3-5　锥面螺纹接头

蒸汽取暖管路中常用的"海达接头"是一种球面螺纹接头，它有中间（单头）接头和旋入（双头）接头两种结构形式。接头材料采用普通碳素钢，球形接头用锰黄铜，管子用 ϕ12 mm×1.5 mm 的紫铜管，管子与球形接头用铜焊（气焊）焊接。旋入螺纹以前常用英制 $\frac{1}{2}''$，现在用公制 M14×1.5。海达接头主要用于公称压力小于 0.6 MPa 和工作温度低于 200 ℃的蒸汽取暖管路。

（3）管子螺纹接头使用注意事项。

①凡是平肩接头必须加装合适的内垫圈，锥（球）面接头则不必用内垫圈；

②管子与接头用气焊焊接时，必须先将接头拆开后单独焊接，否则会发生接头"咬死"而拆不开接头；

③旋入接头的旋入螺纹必须与接座螺纹相配合，接头与接座间必须加装外垫圈。

2. 卡套接头

卡套接头是一种先进的管路连接件，属于非焊接式管件。卡套接头的优点为连接牢靠，密封性能好，外形美观，管路安装时不需焊接，可用于防火、防爆的施工场所。

图 1-3-6 所示为卡套接头结构,由接头 1、卡套 2 和螺母 3 组成。旋紧螺母时,接头相当于挤压模具,在螺母的推动下,卡套外侧遇到接头内锥面的作用而使卡套前部径向收缩变形,外侧与接头内锥面形成锥面密封;而卡套内侧相当于刀具,在卡套变形过程中,迫使刃口咬入钢管起到密封作用,这样就实现了接头与连接钢管之间的密封和紧固连接作用。

图 1-3-6　卡套接头结构
1—接头;2—卡套;3—螺母

卡套接头按其用途可分为两大类:

(1) 气动、信号用卡套接头。此类卡套接头主要用于气源、信号管路。接头、卡套和螺母的材料均采用黄铜（H62）制造,某些产品外表面经镀铬处理,管子为 $\phi 6 \text{ mm} \times 1 \text{ mm} \sim \phi 12 \text{ mm} \times 1.5 \text{ mm}$ 的紫铜管,适用公称压力 $PN \leqslant 1 \text{ MPa}$（$10 \text{ kgf/cm}^2$）的管路。

(2) 测量、液压传动用卡套接头。此类卡套接头主要用于仪表测量、液压传动管路。

其材料及适用范围见表 1-3-2。管子常用规格为 $\phi 8 \text{ mm} \times 1 \text{ mm} \sim \phi 22 \text{ mm} \times 3 \text{ mm}$ 的无缝钢管。

表 1-3-2　卡套接头材料及适用范围

接头	卡套	螺母	管子	公称压力 /MPa
A3（20）	45	A3（20）	10，15	6.4
35	45（调质）	35	15，20	160

卡套接头常用形式有旋入接头、中间（直通或直角）接头、三通接头及压力表接头等。

卡套接头能否保证良好的工作性能,与安装方法是否正确有极大的关系。在施工安装时必须达到下列要求:

(1) 管子表面不得有拉痕、凹陷、裂纹、锈蚀等缺陷存在;

(2) 连接钢管的外径偏差不超过 ±0.3 mm 时,方可得到满意的连接效果;

(3) 管子切割面应保证与轴线垂直,并不能有毛刺、脏物,用于高压连接的钢管最好事先用细砂纸打磨管子插入部分的外表面;

(4) 外套螺母、卡套在管子上的位置方向要正确,管子应顶紧在接头的止推面上;

(5) 拧紧螺母时,用力要均匀,拧紧后可松下螺母,观察卡套是否咬进管子表面,正式安装时,仍需用力拧紧。

3. 由任接头

在管路中介质的工作压力小于 0.6 MPa、工作温度低于 100 ℃ 的情况下,可采用由任接头连接。由任接头的结构如图 1-3-7 所示。

由任接头采用马口铁锻制而成,镀锌的由任接头称为白铁由任,不镀锌的称为黑铁由任,一般常用白铁由任。由任接头与管子（镀锌钢管）都是采用圆柱形管螺纹连接,其常用规格为 $G\frac{1}{2}'' \sim G2''$,广泛用于各种日用冷、热水管路。为了保证接头的密封应做到:接头间要加装垫片;管子与接头连接时,管子端部的管螺纹上要顺时针缠绕聚四氟乙烯生料带。

此外,在日用冷、热水管路中,还经常碰到用镀锌马口铁制造的,利用管螺纹连接的各种分路附件,如 90° 弯头、45° 弯头、正三

图 1-3-7　由任接头

通、联轴节、螺纹接口及各类的异径接头等。

(三) 夹布胶管连接

夹布胶管连接一般用于管子的公称通径小于 80 mm 和公称压力小于 0.6 MPa 的油、水管路。

图 1-3-8 所示为夹布胶管连接装置。该装置由夹布胶管、管箍组成。

图 1-3-8　夹布胶管、管箍
(a) 夹布胶管；(b) 管箍、喉箍

夹布胶管由橡胶和织物衬料制成，胶管的内层为橡胶胎，外层为橡胶套，中间敷设 2～5 层由棉织物制成的衬布，衬布的层数根据管内介质的工作压力而定。

船用胶管接头一般直接使用连接钢管，为了加强连接的密封性，连接钢管的端部可焊一圈直径为 1.2～2 mm 的金属丝或车制一道环形槽。连接钢管与胶管是用特制的管箍夹紧的。

夹布胶管连接用于水温低于 100 ℃ 的水管路，如用于油管路时，油温必须低于 80 ℃，同时采用耐油橡胶。

夹布胶管连接具有下列优点：结构简单，安装方便，连接后有一定的弹性，可隔离机械振动对管系的影响；管子膨胀或船体变形而引起管子弯曲时，接头有一定的补偿作用；由于接头的重量较轻，可以减轻管路的重量。但是，夹布胶管连接也有下列的缺点：使用寿命较短（6～18 个月），重复使用容易发生泄漏现象；耐热、耐压性能差，只能用于低温、低压的管路。

夹布胶管连接主要用于发电机冷却水的进、出口管路和离心式分油机的进、出水管路以及废气蜗轮增压器的润滑、冷却管路上。

(四) 焊缝连接 (焊接)

对一些不需要拆卸的管子可以采用焊接的方法连接，如图 1-3-9 所示。常用的焊接连接有对接焊、套接焊和搭接焊三种。

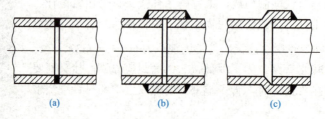

图 1-3-9　焊缝连接
(a) 对接焊；(b) 套接焊；(c) 搭接焊

（1）对接焊，如图1-3-9（a）所示。对接焊根据对接管子的壁厚分为两种情况，即当壁厚$\delta \leq 3$ mm时，直接用直管对接的方式，管子间隙为0～2 mm，只允许采用气焊或气体保护焊的熔丝焊接法；当壁厚3 mm＜δ＜16 mm时，管口要做60°的坡口，管子间隙为0～3 mm，对各类油管路必须先用氩弧焊封底后，再用电弧焊、气焊或气体保护焊焊接。对接焊的同心度要求≤1 mm。

（2）套接焊，如图1-3-9（b）所示。采用套管套接焊时，套管材料应与连接管子同质，套管的位置应居中，套入长度≥5δ（δ为连接管子壁厚），套管厚度≥1.25δ，套管内径比连接管子外径大2～3 mm，连接管子间隙≤3 mm。

（3）搭接焊，如图1-3-9（c）所示。采用搭接焊前，应先对连接管子进行扩口处理。扩口后的内径应比插入管子外径大2～3 mm，插入长度为15～20 mm，扩口边缘不得产生裂缝。搭接焊时要求基本同心。

施焊前应清除焊件焊接部位的氧化皮、铁锈、潮气、油污、油漆、熔渣及其他可能影响焊接质量的污物，并检查焊缝间隙和坡口等是否符合要求。为了保证焊接质量，各种焊缝应尽可能采用俯焊位置。施焊结束后应立即清除焊渣与飞溅物，检查焊缝的外表质量，即焊缝表面应光滑清洁，不得有裂纹、焊瘤、气孔以及未填满的弧坑或凹陷存在。管子内壁产生熔滴与塌陷应予以修补。

钢管的焊缝连接一般采用对接焊或套接焊的形式。紫铜管则采用搭接焊或套接焊，而不宜采用对接焊。这是因为对接焊的强度较低；同时，由于对接焊而在管子内壁形成的焊渣无法清除，而一般紫铜管大量用于仪表管路及冷藏管路，这些管路对管子的清洁要求又特别高，所以，紫铜管不宜采用对接焊形式。

焊缝连接主要用于油舱内的蒸汽加热管、测量管、船舷空气管、冷藏管以及修船时的管子调换。

（五）膨胀接头

由于管路固接在船体结构上，当船体变形或管路受热膨胀（特别是蒸汽管路）时，管子就会产生很大的内应力，以至破坏法兰等的紧密性而造成管路泄漏，严重时甚至会造成管子弯曲或破裂。如果在管路中设置膨胀接头就可以解决这些问题。

1. 弯管式膨胀接头

图1-3-10所示为常用的两种弯管式膨胀接头，它们都是用无缝钢管弯制而成的。图1-3-10（a）所示结构适用高温蒸汽管路，图1-3-10（b）所示结构适用温度较低的管路。

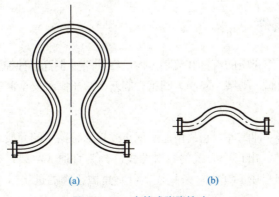

图1-3-10 弯管式膨胀接头

（a）适用高温蒸汽管路；（b）适用温度较低管路

弯管式膨胀接头的优点是补偿能力大，易于加工，使用方便，不需照顾。缺点是占地较大，对工质的阻力也大，接头材料容易产生疲劳。

弯管式膨胀接头的中间弯曲部分是用来承受管子因受热而引起的伸长，从而降低了热应力，因此，管子支架（马脚）只能装在接头的两端，严禁装在接头的中间。

2．波形膨胀接头

波形膨胀接头的常用材料有不锈钢、紫铜和胶质三种，它们的结构形式如图 1-3-11 所示。

图 1-3-11（a）所示为不锈钢波形膨胀接头。它是用厚度为 2 mm 的不锈钢板先冲压成半波形，然后焊接而成的。基本形式有波形管内部焊有一端固定（也有中间固定）的光管和波形管内无夹管两种。前者既防止了柴油机排出废气的压力损失，又适应了管路的热胀冷缩，适用于采用脉冲增压的柴油机排气管路；后者则适用于采用等压增压的柴油机排气管路。

紫铜波形膨胀接头制作方法同上，一般都不设光管，主要用于船舶发电机（柴油机）的排气管路。

图 1-3-11（b）所示为胶质波形膨胀接头。胶质波形膨胀接头是整体热压而成，根据需要可制成单节式或多节式。胶质波形膨胀接头主要用于管路较长的压载水或舱底水管路。

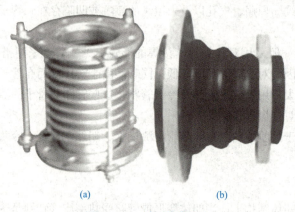

(a) (b)

图 1-3-11 波形膨胀接头
(a) 不锈钢波形； (b) 胶质波形

波形膨胀接头的优点是结构紧凑，不需检修。其缺点是承压能力小，只适用低压管路；补偿能力小，适用于大直径的管路；制造工艺较复杂（不锈钢、紫铜）；波形管受到的交变应力较大，使用寿命较短。

二、选择常用阀件

为了控制管路中工作介质的流量和流动方向，在管路中装置各种控制阀件。常用的有截止阀、止回阀、截止止回阀、闸阀、碟阀、阀箱、旋塞、减压阀和安全阀等。

（一）截止阀

截止阀是最常用的一种阀件，它的用途是截止或接通管路中的介质。

截止阀根据它的进、出口中心线的相对位置，分为直通（A 型）和直角（B 型）两种形式，直通截止阀的进出口中心线在一条直线上，直角截止阀的进出口中心线呈直角布置，如图 1-3-12 所示。

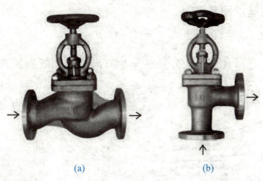

(a)　　　　　　　　　(b)

图 1-3-12　法兰铸铁截止阀

(a) 直通型；(b) 直角型

逆时针转动手轮，阀杆带动阀盘离开阀座，此时截止阀呈打开状况，介质从图示方向进入和流出截止阀，管路呈流通状况。反之，关闭管路。

截止阀有法兰式、外螺纹式和内螺纹式三种连接形式。截止阀材料有铸铁、铸钢、锻钢和铸铜四种。它们的结构和工作原理基本相同，其适用范围见表 1-3-3。

表 1-3-3　截止阀

名称	公称压力 /MPa	公称通径 /mm	适用介质
法兰铸铁截止阀 (GB/T 590—2008)	1.0 1.6	65～150 20～50	海水、淡水、燃油和 $t \leqslant 225\ ℃$ 的蒸汽
法兰铸钢截止阀 (GB/T 584—2008)	1.0 1.6 2.5	65～150 125～150 20～150	淡水、滑油、燃油和 $t \leqslant 300\ ℃$ 的蒸汽
	4.0 6.4	65～100 20～50	淡水、滑油、燃油和 $t \leqslant 400\ ℃$ 的蒸汽
外螺纹锻钢截止阀 (CB/T 594—2008)	4.0 10.0	15～32 6～32	空气、燃油、滑油、淡水及 $t \leqslant 400\ ℃$ 的蒸汽燃油、滑油、淡水、空气
内螺纹青铜截止阀 (CB/T 309—2008)	0.6 1.0	10～50	海水、淡水、燃油、滑油及 $t \leqslant 225\ ℃$ 的蒸汽

截止阀的使用和安装注意如下几点：

(1) 根据工作介质的工况（压力、温度）选用合适的截止阀。

(2) 截止阀手轮顺时针旋转为关，逆时针旋转为开，可安装于任何位置上。

(3) 截止阀阀件上的箭头方向必须与工作介质的流通方向一致。若箭头标志不清，则一律以"低进高出"的原则确定阀的流通方向。

(4) 选用正确的连接形式和垫片。连接法兰的材料和结构形式都应与截止阀法兰相同，即外螺纹锻钢截止阀采用公制细牙螺纹 M22×1.5～M56×2；内螺纹青铜截止阀都是管螺纹 G～G2″，管子绞牙后直接与截止阀连接。

截止阀标记方法，如 $DN50$、$PN25$（单位为 kgf/cm²）的 A 型（直通）法兰铸钢截止阀记作：截止阀 A25050 GB/T 584—2008。

其他阀件的标记方法基本同截止阀。

（二）止回阀

止回阀又称单向阀，它只允许工作介质从一个方向通过而能阻止其逆向回流。

1. 升降式止回阀

升降式止回阀是最常用的一种止回阀，它也有直通（A型）和直角（B型）两种形式，如图 1-3-13 所示。

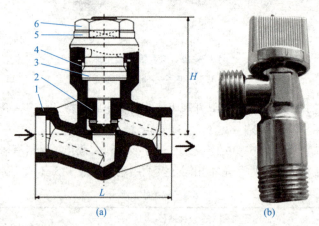

图 1-3-13 升降式止回阀

（a）直通型；（b）直角型

1—阀体；2—阀座；3—阀盘；4—密封圈；5—阀盖；6—阀盖螺母

升降式止回阀主要由阀体、阀座、阀盘和阀盖组成。阀座直接压在阀体内，为了保证阀盘正确地关闭，阀盘上部有短杆伸入阀盖的导筒，可以引导阀盘做上下升降活动。当工作介质按图示方向进入阀盘的下部时，如果工作介质作用于阀盘下部的力大于阀盘上部的作用力，阀盘就被抬起而离开阀座，此时，止回阀的通道就打开了，工作介质从止回阀的出口流出。当工作介质逆向流动时，工质的作用力就作用在阀盘的上方，再加上阀盘本身重量的作用，阀盘就紧紧地压在阀座上，阻止了工质的逆流。

升降式止回阀也有法兰式、内螺纹式和外螺纹式三种连接形式。内螺纹式适用低压、小管径管路；外螺纹式则适用高压、小管径管路。

常用的升降式止回阀为法兰式，材料有铸铁、铸钢和青铜三种，其适用范围见表 1-3-4。

表 1-3-4 升降式止回阀

名称	公称压力 /MPa	公称通径 /mm	适用介质
法兰铸铁止回阀（GB/T 592—2015）	0.6、1.0 1.6	20～150 20～50	海水、淡水、燃油和 $t \leqslant 225\ ℃$ 的蒸汽
法兰铸钢止回阀（GB/T 586—2015）	1.0 2.5	65～125 20～100	海水、滑油、燃油和 $t \leqslant 300\ ℃$ 的蒸汽
法兰青铜止回阀（GB/T 589—2015）	0.6、1.0、1.6 2.5	25～125 20～100	海水、淡水、燃油、滑油和 $t \leqslant 250\ ℃$ 的蒸汽

升降式止回阀的使用和安装应注意如下几点：

（1）根据工作介质的工况（压力、温度）选用合适的止回阀。

（2）升降式止回阀只能安装在横（水平）管上面不能安装在直（垂直）管上，如要垂直安装，不垂直度应小于15°，以保证阀盘的短杆能在阀盖的导筒内自由地升降。

（3）阀体上的箭头方向必须与工作介质的流通方向一致，标志不清时一律按"低进高出"的原则安装。

（4）正确选用连接形式和垫片。

2．防浪阀

防浪阀也是一种止回阀，它也有直通和直角两种形式，如图1-3-14所示。防浪阀由阀体、阀盘和转动轴组成，当介质从图示箭头方向进入阀门时，阀盘就顺着转动轴摆动，阀就开启。反之，阀盘就紧压在阀座上，阻止了介质的逆向回流。阀体上的疏通螺塞可作冲洗和疏通之用。

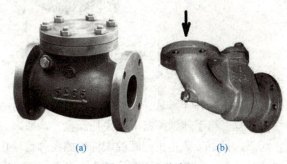

图1-3-14 防浪阀

(a)直通型；(b)直角型

防浪阀一般由整体浇铸而成，其进出口均为法兰连接形式，一般采用标准搭焊钢法兰，其常用规格为公称通径 $DN65 \sim DN150$。但进、出口口径不一样，出口口径大于进口口径，一般比进口口径大一档。防浪阀定位安装时，先以出口口径制作一只"单头法兰"，船舷开孔后，将"单头法兰"的光管用双面焊直接与船舷连接，此时要保证单头法兰的平直。再在单头法兰上安装一只截止阀，该阀平时呈常开形式，必要时可以关闭。

（三）截止止回阀

截止止回阀是具有截止和止回（阻止工质逆向回流）双重作用的阀件。它的阀体、阀盖等和截止阀一样，与截止阀不同的仅仅是阀盘和阀杆的结构。它的阀盘并不固接在阀杆上，而是由带有止动凸肩的阀杆松插在阀盘的导孔中央，如图1-3-15（a）所示。

由于截止止回阀的阀杆只是松插在阀盘的导孔中央，因此当手轮顺时针旋转阀杆下降时，阀杆能顶住阀盘并强迫阀盘下降而紧紧地压在阀座上，此时起截止作用；而当手轮逆时针旋转阀杆上升时，阀盘并不随之提起，只有在介质作用于阀盘下面的作用力大于阀盘上面的作用力时，阀盘才能抬起（抬起高度则按阀杆上升的高度而定），介质回流时，阀盘则下降而自动关闭阀门，此时起止回作用。

截止止回阀也有直通（A型）和直角（B型）两种形式，如图1-3-15（b）所示。材料有铸铁、铸钢（法兰式）和青铜（外螺纹式）等，它们的适用范围基本同相应的截止阀。

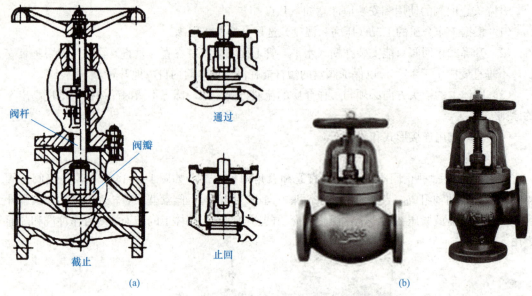

图 1-3-15 截止止回阀
（a）结构；（b）分类

规格相同的截止止回阀和截止阀的外形是一样的，区别它们只要将两只阀的阀杆升到最高处，然后分别提起来摇一摇（也可将手伸到阀盘下部去托阀盘），如果有响声的就是截止止回阀，没有响声的就是截止阀。这是由于截止止回阀的阀杆松插在阀盘导孔中央，阀杆上升的不能带动阀盘一起上升，摇动时就发出阀盘撞击阀座的响声；而截止阀的阀杆与阀盘是固接在一起的，阀杆上升也带动阀盘一起上升，所以摇动时就不会发出响声。此外，为了便于区别，截止止回阀的阀杆顶部涂有黄色油漆，而截止阀不涂油漆。

截止止回阀使用和安装注意如下几点：

（1）根据工作介质的工况（压力、温度）正确选用截止止回阀。

（2）手轮顺时针旋转为关，逆时针旋转为开（相当于止回阀）。

（3）直通式只能安装在横管上不能安装在直管上，安装时阀杆要保持垂直（不垂直度小于15°），同时要按箭头方向或"低进高出"原则确定进出口方向。

（4）选用正确的连接形式和垫片。

（四）闸阀

闸阀又称闸门阀，是一种使用较广泛的截止阀件。闸阀根据工作时阀杆位置的不同，有阀杆固定式和阀杆上升式两种形式。

1．阀杆固定式闸阀

图 1-3-16 所示为法兰铸钢闸阀，属于阀杆固定式（阀开关后的阀杆高度位置不变）闸阀。它主要由阀盖、阀杆、阀体、阀芯和方螺母组成。阀杆上、下两端都车有梯形螺纹，中间有一道止动凸肩。中空的楔形阀芯上部开有凹槽，槽内安装有带梯形螺纹的方螺母。阀杆上部螺纹与指示螺母啮合，止动凸肩松套在阀盖内，下部螺纹与阀芯内的方螺母啮合。转动手轮时，由于阀杆中部止动凸肩的限制，阀杆只能转动而不能上下运动，与阀杆下部啮合的方螺母由于受到阀芯的限制，能随着阀杆的转动而上下运动，从而带动阀芯上下运动而形成闸阀的开关，阀的开启高度由指示装置反映出来。

图 1-3-16　法兰铸钢闸阀

1—阀盖；2—阀杆；3—方螺母；4—阀体；5—阀芯

2. 阀杆上升式闸阀

阀杆上升式闸阀与阀杆固定式闸阀的区别在于阀杆上部的螺纹与阀盖上的螺纹啮合，下部没有螺纹而直接与楔形阀芯连接，中间也没有止动凸肩（与截止阀相似）。转动手轮时，阀杆一边转动一边直接带动阀芯上下运动而形成闸阀的开关，阀的开启高度直接从阀杆上反映出来。

闸阀与截止阀相比有以下的优点：流通截面大，介质的流动阻力小；不分进出口，介质可从任何一侧通过；结构长度短，因而法兰间装配长度也短；开关比较省力。但是闸阀也有以下缺点：阀芯和阀座间的密封面制造复杂，由于经常摩擦容易磨损，从而会影响和丧失密封能力，因此不能承受较高的压力。

闸阀常用的材料有铸铁、铸钢和青铜等，它们的适用范围见表 1-3-5。

表 1-3-5　闸阀适用范围

名称	公称压力 /MPa	公称通径 /mm	适用介质
内螺纹青铜闸阀 （CB/T 467—1995）	1.0	25～65	海水、淡水、油和 $t \leqslant 120\ ℃$ 的蒸汽
	1.0	25～100	淡水、$t \leqslant 120\ ℃$ 的蒸汽
法兰铸铁闸阀 （CB/T 465—1995）	0.6	50～150	海水、淡水和滑油
	0.4	200～300	
法兰铸钢闸阀 （CB/T 466—1995）	1.0	50～100	海水、淡水、燃油和滑油
	0.6	125～150	
	0.4	200～300	
油轮铸钢闸阀 （CB/T 3591—2005）	1.0	200～350	各种石油产品

闸阀的使用和安装注意如下几点：
（1）根据工作介质的工况（压力和温度）选用合适的闸阀。
（2）安装阀杆上升式闸阀时，要留出足够的高度空间。
（3）可用于双向流动的管路，安装时不考虑阀的进出口，同时可安装于任何位置。
（4）选用正确的连接形式。

闸阀内螺纹均为管螺纹，直接与管子管端的管螺纹连接，旋紧时要注意防止闸阀接口断裂。

（五）碟阀

碟阀是由碟形的阀盘及竖立的径向阀杆来控制阀的开关，阀盘绕阀杆转动，其工作示意如图 1-3-17 所示。

转动手柄（轮），阀杆带动阀盘一起转动，当阀盘与介质的流动方向垂直时，阀呈关闭状态；当阀盘与介质流向成某一角度或平行时，阀呈开启状态。通过改变阀盘与介质流向的相对角度可以调节阀的流量。根据上述的结构特点，可见碟阀是不分进出口的，可用于双向流动的管路。阀盘的径向外缘内镶有密封圈，从而保证了阀的密封。

由于碟阀的开关是直接由转动阀杆来控制的，因此很容易做到自动控制，常用的控制方式有气动（压缩空气）和电动两种。为了能方便地了解阀的开闭状况，碟阀的上部装有角度指示器。

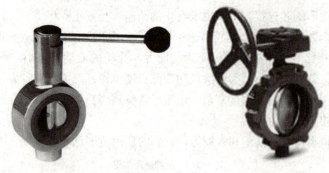

图 1-3-17　碟阀

（六）阀箱

为了便于集中控制、方便管理和节省阀件，可以将两个或两个以上的阀件（截止阀或截止止回阀）组合为一体的联箱，这种联箱统称为阀箱。

阀箱有单排和双排之分，根据需要可制成双联式或多联式。阀箱一般用铸铁整体铸成，也可以用"组合阀"连接而成。闸箱按用途可分为吸入阀箱、排出阀箱和调驳阀箱三种。

1. 吸入阀箱

吸入阀箱都是下部分开而上部连通的单排阀箱，其联数根据需要而定。吸入阀箱能将液体分别从每一个阀门的下部吸入阀箱内，然后由上部的公共排出室排出，如图 1-3-18 所示。

吸入阀箱的特点是下部分别吸入，上部

图 1-3-18　吸入阀箱

公共排出。根据这个特点,吸入阀箱被广泛地用于燃油、滑油、供水等系统中的多路吸入管路。如某些船舶的舱底水系统中,阀箱下部各吸入口分别用吸入管与污水井或污水沟连通,开动舱底水泵就可以将任何一个污水井或污水沟内的舱底水排出舷外。为了防止舱底水倒流,舱底水吸入阀箱应采用截止止回阀箱。

2. 排出阀箱

排出阀箱都是上部分开而下部连通的单排阀箱,其联数也根据需要而定。液体从排出阀箱下部的公共吸入室进入阀箱,然后由上部控制的阀将它们分别排出,如图 1-3-19 所示。

排出阀箱的特点是下部公共吸入,上部分别排出。根据这个特点,凡需要集中管理、操纵的系统(如机舱供水、燃油输送等管路)均可使用。将排出阀箱下部公共吸入口与供水系统的排出总管连通,就可以通过阀箱上部的阀将水分别送到各个用水处。

图 1-3-19 排出阀箱

(七)旋塞

旋塞是利用一个中空的锥形塞芯在塞体中旋转,依靠塞芯与塞体之间的通孔位置,来截止或接通(部分或全部)管路。旋塞可作截止和方向转换之用。

旋塞的优点是通道面积几乎不变,介质流通阻力小和开关及转换迅速方便。缺点是转动时摩擦力较大,旋塞内介质污浊后较易磨损而失去密封性,介质的压力或温度较高时,塞芯和塞体的密封面可能因塞芯膨胀而发生"卡死"现象。

旋塞根据其密封构造的不同,可分为压盖式和紧定式两种。

1. 压盖式旋塞

压盖(填料)式旋塞是依靠压盖压紧填料来防止介质泄漏的。塞芯是一个中空的锥形,其顶部的槽道用以表示塞芯通道的位置。塞芯材料采用铸造锡青铜,塞体材料有铸铁和铸造锡青铜两种,连接形式有法兰式和外螺纹式两种,如图 1-3-20 所示。

法兰填料旋塞的公称压力为 0.6 MPa,公称通径为 20~80 mm,外螺纹填料旋塞的公称压力为 1.0~2.5 MPa,公称通径为 6~32 mm,相应的螺纹接头为 M22 mm×1.5 mm~M56×2 mm。它们都适用淡水、海水、滑油和燃油管路。

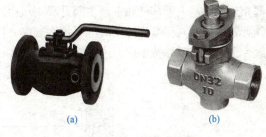

(a)　　　　　(b)

图 1-3-20 压盖式旋塞

(a)法兰型;(b)外螺纹式

常用的压盖式旋塞有直通、L 形三通和 T 形三通三种形式。

直通旋塞只能起截止作用;L 形三通旋塞既能起截止作用又能转换方向;T 形三通旋塞只能转换方向而不能起截止作用,因为无论塞芯在什么位置,都至少有两根管子接通。

2. 紧定式旋塞

紧定式旋塞不用填料和压盖,它直接依靠旋紧塞芯下部的螺母而紧贴在塞体上。紧定式旋塞的管径一般较小,常用的有放水旋塞(有直通和直角两种)、茶桶旋塞[图 1-3-21(a)]和内螺纹黄铜压力旋塞等。

图 1-3-21（b）所示为黄铜压力旋塞，用于介质的传压管与压力表之间的连接，适用公称压力 1.6 MPa 的油、水、空气和 $t \leqslant 225$ ℃ 的蒸汽管路上。

图 1-3-21 紧定式旋塞

（a）茶桶旋塞；（b）黄铜压力旋塞

旋塞的使用和安装应注意如下几点：

（1）根据介质的工况选用合适的旋塞，不可用于蒸汽管路。

（2）压盖式旋塞内部介质的流通方向与塞芯顶部槽道方向一致，因此，旋塞的工作状态是看槽道的方向而不是看手柄的方向。紧定式旋塞的手柄则直接表示介质的流向。

（3）旋塞应垂直安装，旋塞与管子连接平面应在自然状态下无明显的歪斜或偏心，不可因强行安装而引起塞体变形，从而影响旋塞的密封性。

（八）减压阀

减压阀是用来降低蒸汽、压缩空气等管路中的压力，以适应低压系统应用的装置。

船舶常用的减压阀有蒸汽减压阀和压缩空气减压阀两种。

1．蒸汽减压阀

图 1-3-22 所示为蒸汽减压阀。主阀下部有一根被压缩的主阀弹簧，主阀上部的阀杆与活塞相连，活塞上下移动就带动主阀升降，从而形成减压阀的开启或关闭。控制阀的下部是控制阀弹簧，控制阀弹簧将控制阀压向控制阀座。控制阀阀杆的顶部与圆形金属膜片的下部接触，膜片上部由调节弹簧压住，该弹簧可进行调节，调节后由调节锁紧螺母锁紧。

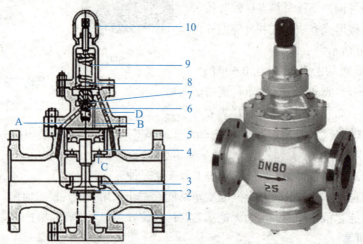

图 1-3-22 蒸汽减压阀

1—主阀弹簧；2—阀座；3—主阀；4—气缸；5—活塞；6—控制阀弹簧；
7—控制阀；8—膜片；9—调节弹簧；10—调节锁紧螺母

高压蒸汽在进入减压阀之前，主阀是关闭的，这是因为主阀弹簧的张力迫使主阀压在阀座上；同时，由于调节弹簧的张力大于控制阀弹簧的张力，控制阀是开启的。当高压蒸汽进入减压阀后，由于主阀关闭着，不能立即进入低压出口，高压蒸汽就由通道A进入控制阀下部空间，穿过控制阀后，再由通道B到达活塞上部。由于活塞上部的截面面积比主阀的投影面积大得多，所以活塞就迫使主阀向下运动，直到向下压力（活塞下压力）和向上压力（主阀弹簧的张力）处于平衡状态，主阀就保持一定的开度。此时，控制阀的向下压力（调节弹簧张力）和向上压力（控制阀弹簧张力和减压蒸汽经通道D作用于膜片下部的压力）也处于平衡状态，控制阀也保持一定的开度。根据节流原理，高压蒸汽就被减压为一定数值的低压蒸汽，从减压阀的出口引出。

只要进入减压阀的高压蒸汽的压力保持不变，主阀的开度也就维持不变，减压后蒸汽压力也保持不变。

蒸汽减压阀有微量的压力自动调节作用。即当进入减压阀的高压蒸汽的压力比规定压力略高时，开始时减压蒸汽压力也比规定压力高，此时，减压蒸汽经通道口进入控制阀下部的上压力也比原来的上压力增大，迫使膜片平坦一些（上凸），调节弹簧被压缩，控制阀在控制阀弹簧作用下向上运动，控制阀的开度减小，这样高压蒸汽经通道A、B进入活塞上的蒸汽流量减少，活塞下压力降低，主阀在主阀弹簧的作用下上移，主阀开度也随之减小，这样，减压蒸汽仍趋向原来的规定压力。反之，当高压蒸汽略低于规定值时，控制阀开度增大，主阀开度也增大，使减压蒸汽压力维持不变。

2. 压缩空气减压阀

图1-3-23所示为压缩空气减压阀结构。顺时针转动调节螺栓，弹簧座迫使弹簧压缩，薄膜片下凸使阀盘下降，这样在阀盘与阀座之间保持一定的间隙。当高压压缩空气从通道a进入减压阀后，通过阀盘与阀座之间的空隙，压缩空气被节流而减压，减压空气从通道口引出。

减压阀还可以进行小范围的自动调节，使减压空气的压力保持不变。减压空气一部分从通道b引出，另一部分则从通道c引至薄膜片的下部，产生向上的压力，这个压力加上弹簧的向上张力与弹簧的张力相平衡，薄膜片形成一定的凸度，阀盘与阀座保持一定的开度，这样引出的减压空气就保证有一定的压力。如果进入减压阀的压缩空气比规定压力略高，刚开始时，减压空气的压力也随之升高，但通过通道c进入薄膜片下部的压力也增大，薄膜片向上运动，阀盘也随之上升。由于阀的开度减小，增大了节流度，使通过减压阀的空气量减少，减压空气的压力就相应下降，直至趋向于原定的减压压力为止。反之，进入阀的压缩空气略低，则会自动地使开度增大，增大进气量使阀后压力升高，接近原定的压力。

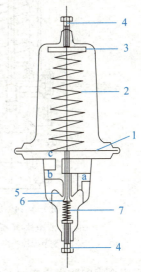

图1-3-23 压缩空气减压阀结构
1—薄膜片；2—弹簧；3—弹簧座；4—调节螺栓；5—阀座；6—阀盘；7—弹簧

减压阀的调节和安装应注意如下几点：

（1）顺时针旋转手轮（调节螺栓），减压蒸汽（压缩空气）压力升高；逆时针旋转手轮（调节螺栓），减压蒸汽（压缩空气）压力降低（图1-3-23中的下调节螺栓的调节作用刚好相反）。

（2）减压阀应按箭头方向垂直安装于水平管路上。

（九）安全阀

安全阀用于锅炉、压力容器等设备及船舶管路上。当这些设备、管路内介质的工作压力超过规定数值时，它可以自动排除过剩的压力，使介质的工作压力保持在规定范围之内。

船舶所用的安全阀一般都为内弹簧式。图 1-3-24 和图 1-3-25 所示为最常用的两种安全阀。

图 1-3-24 所示为压缩空气安全阀。接座（头）上部即为阀座，下部为压缩空气进口，它利用螺纹 $\left(G、G\frac{3}{4}''、G1''\text{ 和 }M42\text{ mm}\times 2\text{ mm}\right)$ 与设备或管路连接。上弹簧座在调整螺栓作用下压缩弹簧，使下弹簧座将阀盘紧紧压在阀座上。弹簧的张力由调节螺栓来调整，开启压力（弹簧张力）调整后，即由锁紧螺母锁紧。

当设备或管路内压缩空气的压力超过安全阀的开启压力（大于弹簧张力）时，阀座就被推开，压缩空气就从通道外泄，设备或管路内压力立即降低，起到安全保护作用。

压缩空气安全阀的开启压力由弹簧的张力决定，开启压力一般为 1.1 倍工作压力。

图 1-3-25 所示为法兰铸铁安全阀。它的工作原理与压缩空气安全阀一样，常用的公称通径为 25～80 mm，适用公称压力小于 1.6 MPa 的海水、淡水和温度 $t \leqslant 225\ ℃$ 的蒸汽管路。

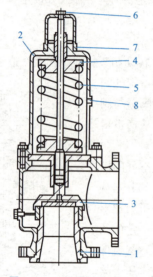

图 1-3-24 压缩空气安全阀

图 1-3-25 法兰铸铁安全阀

1—接座；2—阀体；3—阀盘；4—弹簧座；5—弹簧；
6—调节螺栓；7—锁紧螺母；8—通道

安全阀安装应注意如下几点：

（1）弹簧式安全阀必须直立安装。

（2）安全阀出口应无阻力或避免产生压力（留压）的现象。

（3）安全阀用于蒸汽或淡水管路时，要用支管将排出的蒸汽或淡水引回原处，支管管径不小于安全阀的出口通径。

（4）出口无接管的安全阀安装时，其出口不得对准过道、机械设备或仪表等，防止发生人身或设备事故。

三、选择滤器

滤器的作用是过滤掉工作介质中的杂质,以保证系统中的机械和设备等正常工作。根据工作介质的不同,滤器分为海水滤器、油滤器和气(汽)体滤器等。

(一)海水滤器

海水滤器也叫泥箱,主要用于泵的吸入管路,以防止海水中的杂物等进入泵内。

图1-3-26(a)所示为常用的一种海水滤器。它主要由箱体、箱盖和滤板组成。箱体和箱盖用铸铁铸造而成,滤板是一块镀锌钢板,形状有圆弧板和平板两种,滤板上的滤孔直径为8~10 mm,其流通面积为管路截面面积的1.5~2倍。海水从滤器的右方进入,经滤板过滤后,清洁的海水就从左方流出滤器。海水中的污物都积聚在滤器底部,使用一段时间后,可打开箱盖清理污物。

图1-3-26(b)所示为海水滤器的另一种形式。它的用途和图1-3-26(a)一样,只是其滤板改为有底的滤筒,滤筒可采用钻孔或锡焊铜丝网的形式,过滤后的污物积聚于筒内,清理时只要取出滤筒即可。

海水滤器必须按箭头方向直立安装于便于清理和检查之处。

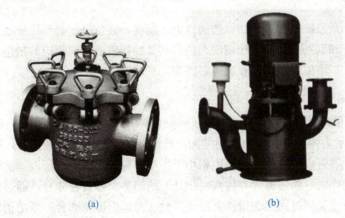

(a) (b)

图1-3-26 海水滤器
(a)滤板结构;(b)滤筒结构

(二)油滤器

油滤器主要用来过滤燃油和滑油中的机械杂质,以保证燃油系统和滑油系统的供油质量。油滤器的具体结构和使用见相应的燃油系统和供油系统。

(三)气(汽)体滤器

气(汽)体滤器的作用是过滤掉压缩空气和蒸汽管路中的泥渣、铁锈或其他杂质,防止堵塞减压阀、温度自动调节阀、凝水阻汽器等自动阀件,保证它们正常工作。

图1-3-27所示为压缩空气滤器。它由本体、滤筒和螺塞三部分组成。随着压缩空气进入,经过滤筒过滤,压缩空气中的杂质被滤网挡住,过滤后的压缩空气从左端流出。滤筒的滤网采用80目的铜丝网卷焊而成,也可用黄铜皮钻孔(孔的直径为0.5~1 mm)后卷焊。螺塞可供检查和清理滤网之用,压缩空气滤器不仅能过滤杂质,而且有分离水分的作用。

图1-3-28所示为蒸汽滤器结构。其工作原理与压缩空气滤器相同。当蒸汽滤器的公称通

径大于 50 mm 时，为了清洗方便，常在滤器盖板上加装放泄旋塞，使滤器在不拆卸的情况下能清理滤网中的杂质。

气（汽）体滤器应按箭头方向直立安装于水平管路上。

图 1-3-27　压缩空气滤器

图 1-3-28　蒸汽滤器结构
1—本体；2—滤筒；3—盖板

四、选择检查和测量附件

为了检查和测量系统中的机械和设备的压力、温度、液位等，必须设置各种检查和测量附件，以便随时了解和判别系统的工作情况，进行必要的调整或采取相应的措施。其中，常用的有压力表、温度计、液位指示器和液流观察器等。

（一）压力表

压力表用来测量系统中的容器或管路内的液体（气体）压力。常用的压力表为弹簧管式压力表。图 1-3-29 所示为弹簧管式压力表的结构。被测液体经传压管从接头进入压力表的扁圆形弹簧管内，由于弹簧管内壁的内侧受压面积小于内壁外侧受压面积，所以弹簧管内壁的外侧所受到的作用力比内侧大，使弹簧管有伸直（张开）的趋势。弹簧管伸直，通过传动杆带动扇形齿轮旋转，扇形齿轮又通过固接在指针上的小齿轮（与扇形齿轮啮合）带动指针顺时针偏转。显然，流体的压力越高，指针偏转的角度亦越大，这样可以直接从表盘上读出压力的读数。游丝的用途是排除因机械间隙而引起的误差和帮助指针复位。

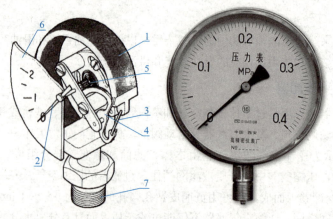

图 1-3-29　压力表结构
1—弹簧管；2—指针；3—传动杆；4—齿轮；5—心轴；6—刻度盘；7—传压管

常用压力表的规格为 1、1.6、2.5、4、6、10、16、25、40、60、100、250、400、600（bar）。压力表选用时，其上限压力为 1.5～2 倍的工作压力。如某管路的工作压力为 3.2 bar，应选用 6 bar 的压力表。

船用弹簧管式压力表的外壳最好采用密封式，使之能防止海水腐蚀。刻度盘标度和指针宜涂以永久性发光剂，便于夜间工作。压力表的接头、表边、表壳直径等见表 1-3-6。

表 1-3-6　压力表的接头、表边、表壳直径、接头螺纹

类型	接头位置	表边	表头直径 /mm	接头螺纹 /mm
Ⅰ	径向	无边	60、100、150、200	M14×1.5、M10×1、M20×1.5
Ⅱ	径向	后沿带边		
Ⅲ	轴向	前沿带边	60	M14×1.5、M10×1
Ⅳ	轴向	无边		

真空表用来测量密封的容器和管路中流体的真空值。它的结构同压力表一样，不同的是弹簧管因收缩而带动指针逆时针偏转。船用真空表的规格为 −0.1～0 MPa，主要用于测量负压。

压力真空表既可以测量流体的压力，也可以测量其真空值。指针顺时针偏转指示压力值，指针逆时针偏转则指示真空值。压力真空表的规格从 −1～0.06 MPa 到 −1～2.5 MPa。

压力表的安装应注意如下几点：

（1）压力表应垂直安装在设备、容器或管路附近震动较小和便于观察的位置。

（2）压力表前的传压管（紫铜管）应绕成环形圈，使安装和使用时有伸缩和挠曲的余地；同时，利用其中的凝水造成水封，防止高温蒸汽等直接冲入压力表而影响读数的正确性。

（3）压力表与传压管之间要安装直通或三通旋塞，可供校表和洗弯头之用。

（4）重要用途的压力表，应用红线在表盘上标明工作压力。

（二）温度计

温度计用来测量介质的温度。常用的温度计有玻璃水银温度计和压力式指示温度计两种。

1. 玻璃水银温度计

图 1-3-30 所示为两种常用的玻璃水银温度计。温度计的下部是感温泡，里面贮有水银，感温泡与上部封闭的毛细管连接，毛细管后面插有温度标尺。外壳为金属防护罩，感温部分由螺纹与测量点连接。温度计的工作原理就是当感温泡插入被测介质中受到被测介质温度作用时，感温泡中的水银开始膨胀（或收缩）并沿着毛细管上升（或下降），在温度计的标尺上直接显示出温度的数值。

玻璃水银温度计常用的有直通式和直角式两种，它的测量范围为 −30 ℃～500 ℃，常用的规格有 −30 ℃～50 ℃、0 ℃～100 ℃ 和 0 ℃～500 ℃ 三种。连接螺纹为公制 M27 mm×2 mm 和英制 $\frac{3}{4}''$、$\frac{1}{2}''$ 三种，应优先选用 M27 mm×2 mm。

图 1-3-30　玻璃水银温度计

玻璃水银温度计的结构简单、价格较低、安装方便和读数正确,但不能将温度读数传到远处。

玻璃水银温度计安装于设备、容器时,要保证其感温部分浸入被测介质;安装于管路时,其感温部分应处于被测介质的管子中心线上,如果斜插在管子上,则必须对着介质的流动方向并接近底部,倾斜角大于30°。

2. 压力式指示温度计

图 1-3-31 所示为压力式指示温度计,由表头、毛细管和温泡等组成。表头的结构和工作原理与弹簧管式压力表一样,温泡和表头用毛细管接通,构成一个密封的系统。温泡、毛细管和表头中的弹簧管内充满了工作物质,工作物质采用氯甲烷、乙醚、丙酮等有机液体或氮气。温泡插入被测介质,当被测介质温度变化时,温泡内工作物质就产生相应的饱和蒸汽压力或氮气压力,此压力经毛细管传给表头的弹簧管,促使温度计的指针偏转,这样就可以直接从刻度盘上显示出温度数值。活动螺母可以调节温泡的插入长度。

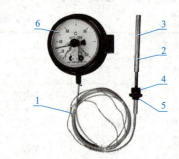

图 1-3-31 压力式指示温度计

1—毛细管;2—温泡;3—工作物质;4—连接螺母;5—活动螺母;6—表头

压力式指示温度计的温泡和毛细管用紫铜制作,毛细管的外部包以紫铜丝编织而成的保护层。温泡长度有 150、200 和 300(mm)三种,其最大插入深度分别为 250、300 和 400(mm)。毛细管长度为 5~20 m。连接螺纹有 M33 mm×2 mm 和 M27 mm×2 mm 两种。温度测量范围随工作介质种类的不同而异,具体测量范围见表 1-3-7。

表 1-3-7 压力式指示温度计测量范围

WTZ-280			WTQ-280		
测量范围/℃	工作介质	公称压力/MPa	测量范围/℃	工作介质	公称压力/MPa
0~50	氯甲烷	1.6	-60~40	氮气	1.6
-20~60			0~200		
0~100			0~250		0.4
20~120			0~300		
60~160	乙醚	6.4	0~400		
100~200	丙酮				

压力式指示温度计最大优点就是可以将温度读数传到远处,传递的距离由毛细管长度决定。

压力式温度计安装时应注意以下几点:

(1) 温度计的毛细管应引直,每相隔 500 mm 应用轧头固定,毛细管最小弯曲半径不小于 50 mm。

(2) 温泡应全部插入被测介质,以减少因导热引起的误差;当温泡斜插于管子上时,温泡头部应对着介质的流动方向并接近底部,倾斜角大于 30°,使液流有较大的扰动,提高其传热系数。

（3）对于充满液体的压力式指示温度计，安装时温泡与指示部分（表头）应在同一水平面上，以减少由于液体静压引起的误差。

五、选择热交换器

热交换器是将热量从一种流体传递给另一种流体的传热设备，根据其用途可分为加热器（用蒸汽加热燃油、饮水等）和冷却器（用海水冷却淡水、滑油、空气等）两种；根据其结构形式，常用的有盘管式、套管式、管壳式和板式等。同一种形式的热交换器往往既可作加热器，也可作冷却器使用。

（一）盘管式热交换器

图 1-3-32 所示为盘管式热交换器。为了降低油料的黏度以便于驳运和使用，在油舱或油柜中装有加热盘管（弹簧管或蛇形管），管内通以蒸汽对油料进行加热。盘管式热交换器除了油舱加热外，还可用于燃油、滑油分油机中的加热器，燃油雾化加热器及茶桶、热水柜的加热等。

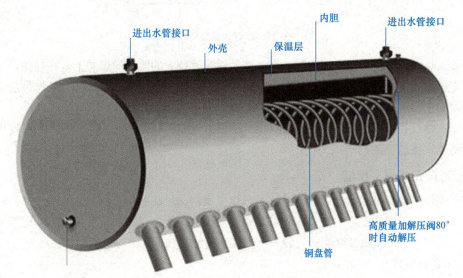

图 1-3-32　盘管式热交换器

盘管式热交换器除用作加热器外，还可以用作冷却器。在某些船舶轴系的推力轴承和中间轴承中，装有单独的润滑油池，油池中装有盘管，用冷却水（海水）流过盘管对滑油进行冷却。此外，空气压缩机的曲轴箱底部也装有冷却盘管对润滑油进行冷却。

盘管式热交换器的盘管材料采用紫铜管或无缝钢管，根据需要盘管可以水平放置也可以直立放置。盘管式热交换器的优点是易于加工制造、成本较低，但传热效率低，外形尺寸大。一般用于传热量不大、使用要求不高的场所。

（二）套管式热交换器

套管式热交换器是在小圆管外套以大圆管而成，如图 1-3-33 所示。在需要较大传热面积时，可用多组套管结合。套管式热交换器主要用作冷却器。

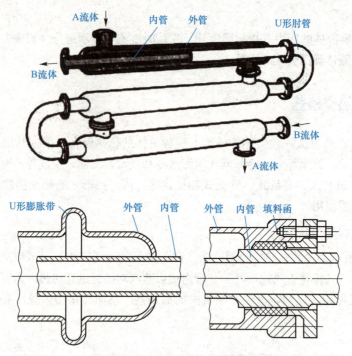

图 1-3-33 套管式热交换器结构

套管式热交换器也可用作加热器,在某些使用黏度较大的燃油的船舶上,在燃油驳运管内装有小直径的紫铜管(内插管),紫铜管内通以蒸汽,这样,可保持驳运管内的燃油温度,保证了燃油的正常流动。

套管式热交换器构造简单,造价低,清洗方便,但传热效率低;适用传热面积较小的场合,否则体积将过于庞大。

(三)管壳式热交换器

管壳式热交换器是当前应用最广泛的一种热交换器,目前船舶上使用的滑油冷却器、淡水冷却器、冷凝器、加热器等,绝大部分采用管壳式热交换器。它的结构形式很多,但基本类型有固定管板式、U形管式和浮头式三种。在安装上有卧式和立式之分。

1. 固定管板式

图 1-3-34 所示为固定管板式热交换器,它主要由壳体和前、后端盖以及固定在管板上的传热管等组成。进行热交换的两种流体:一种在传热管内流过;另一种在管外的壳体内流过。为了增大流体在壳体内的流程和流速,壳体内布置了多道横向隔板,两种流体的流动情况如图 1-3-34 所示。固定管板式的特点是传热管管束两端的管板都固定在壳体上,结构简单,易于制造。但由于其管子、管板和壳体是刚性连接的,在两种流体有较大温差时,壳体、管子和管板间由于膨胀不均匀,连接处容易发生泄漏,因此,它只能适用两种液体温差较小的场合。此外,由于管束无法从壳体中抽出,管子的外壁无法清洗,所以只适用壳体内流动的流体比较清洁且不易结垢的流体。

固定管板式常用于船舶制冷装置的冷凝器、蒸发器及滑油冷却器等。

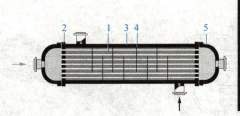

图 1-3-34 固定管板式热交换器

1—传热管；2—管板；3—壳体；4—隔板；5—端盖

2. U 形管式

为了克服固定管板式由于膨胀不均而引起泄漏的缺点，把直管（传热管）改成 U 形，同时将两管口固定在同一块管板上，这样就形成了 U 形管式，如图 1-3-35 所示。U 形管式的特点是管子可以在壳体内自由膨胀，管束可以从壳体中抽出，便于清洗管子的外壁，但不便于清除管子内壁的污垢。此外，由于 U 形管是从里到外层层包围的，如果内层管子破损，则无法更换。

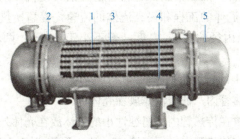

图 1-3-35 U 形管式热交换器

1—传热管；2—管板；3—壳体；4—隔板；5—端盖

U 形管式热交换器适用温差大、管内流体较清洁的场合，如锅炉给水加热器（管内是锅炉给水、管外是加热蒸汽）和喷油嘴淡水冷却器等。考虑到 U 形管的弯曲处容易淤塞和冬天可能发生"冰炸"现象，可采用倒立式或下斜式；如果管内流体在换热过程中有气体放出，应采用正立式或上斜式。

3. 浮头式

浮头式是对固定管板式的改进，它的结构如图 1-3-36 所示。如果把传热管的一端固定在固定管板上，另一端固定在比壳体内径略小的活动管板上，就成为浮头式。当传热管束受热膨胀时，活动管板就可以沿壳体做轴向滑动。为了防止冷、热两种流体间的相互泄漏，在活动管板的外周装有填料并用压环压紧。

浮头式与固定管板式相比两大优点：一是活动管板可以在壳体内滑动，减小了由于热膨胀不均而产生泄漏的可能性；二是管束可从壳体中抽出，便于清洗管子的外壁和壳体的内壁。由于浮头式具有以上的优点，对工作流体的适应性较好，能在较大温差下可靠地工作，所以得到广泛的应用。目前大、中型船舶的主机滑油冷却器、淡水冷却器均采用这种形式的热交换器。

41

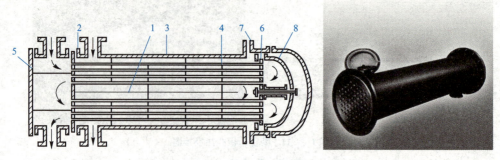

图 1-3-36 浮头式热交换器结构

1—传热管；2—固定管板；3—壳体；4—隔板；5—端盖；6—活动管板；7—填料；8—反环

管壳式热交换器的材料主要视工作流体的腐蚀性和温度而定。传热管的材料有紫铜管、铝黄铜管和无缝钢管。紫铜管、铝黄铜管适用腐蚀性大、温度较低的工作流体，无缝钢管适用压力较大（温度较高）的蒸汽。管板材料为铸铁和锰黄铜。管壳为铸铁铸造的定型产品，也可以用 8～10 mm 钢板卷焊而成或用大直径钢管代替。传热管在管板上固定的方法有胀管法、焊接法和填锡法三种。隔板常用的材料有锰黄铜、塑料和钢质三种，其作用是组成壳侧流体的通道，可以增大流体的流程和提高流体的流速，提高换热效率。常用的隔板形式为大半圆形，其高度为管壳内径的 3/4，厚度一般不小于 5 mm，两块隔板的间距视传热要求而定。

工作流体在热交换器中的布置原则如下：

（1）高压流体放在传热管内；低压流体放在壳体内。

（2）腐蚀性大的流体放在传热管内；腐蚀性小的流体放在壳体外。

（3）易沾污的流体放在传热管内，便于清洗，但 U 形管式刚好相反。

（4）特别黏的流体（介质）不要布置在传热管内，以防管子阻塞。

六、选择管路常用密封材料

（一）石棉橡胶板

石棉橡胶板是船舶管路中应用最广泛的一种密封衬垫材料。根据其组成材料成分比例的不同，可分为高压、中压和低压三种。石棉橡胶板的厚度均为 2 mm。

（1）高压石棉橡胶板。高压石棉橡胶板的颜色为紫色。适用于公称压力为 6.4 MPa 和工作温度为 400 ℃ 的过热蒸汽、饱和蒸汽、海水、淡水（饮水除外）、空气、烟气和惰性气体等管路。

（2）中压石棉橡胶板。中压石棉橡胶板的颜色为红色，适用于公称压力为 4.0 MPa 和工作温度为 375 ℃ 的过热蒸汽、饱和蒸汽、海水、淡水（饮水除外）和空气等管路。

（3）低压石棉橡胶板。低压石棉橡胶板的颜色为灰色，适用于公称压力为 1.6 MPa 和工作温度为 200 ℃ 的饱和蒸汽、海水、淡水（饮水除外）和空气等管路。

（4）耐油石棉橡胶板。耐油石棉橡胶板上印有耐油标志，适用于公称压力为 6.4 MPa 和工作温度为 100 ℃ 的燃油、滑油管路。

石棉橡胶板用于蒸汽管路时，必须要在垫片的两面涂上一层石墨气缸油，以防止管子拆卸时，垫片与法兰之间发生"粘结"现象。

（二）橡胶

船舶管路常用的橡胶垫片有中等硬度及中等弹性的纯橡胶和不含毒质的中等弹性的白橡胶两种，其厚度均为 3 mm。

（1）纯橡胶。纯橡胶的颜色为黑色，大多采用耐油橡胶制作，适用公称压力为 0.6 MPa 和工作温度为 −30 ℃～60 ℃的海水、淡水（饮水除外）、空气、燃油和滑油管路。

（2）不含毒质的白橡胶。其颜色为白色，适用公称压力为 0.6 MPa 和工作温度为 −30 ℃～150 ℃的饮用水管路。

橡胶垫片绝不能用于蒸汽、高温水管路，以防止橡胶受热以后发生熔化或粘结现象。

（三）紫铜

紫铜制作的垫片能承受很高的压力并可以直接与高温物体接触，常用于高压压缩空气、液压管路和柴油机高温、高压部件之间的连接垫片。紫铜垫片常用的形式有环形和齿形两种。环形垫片的厚度为 1～3 mm。齿形垫片的厚度一般为 2 mm，普通接头的单面齿数为 3，高压接头的单面齿数为 3～6。

有时，为了节省紫铜材料，可以在高压石棉橡胶板的表面包覆一层紫铜皮（0.5～1 mm），这种复合垫片通常安装于柴油机排气管路上。

紫铜垫片使用前一定要经过"退火"处理。

（四）压板

压板（反白）垫片主要用于管路中仪表、压力表等的管接头上。由于压板对水的质量没有影响，所以也可以用于饮水和卫生设备的管路。

（五）聚四氟乙烯密封带

聚四氟乙烯密封带也叫聚四氟乙烯生料带。它是一种新型的螺纹接头密封材料，可以取代以往常用的麻丝厚白漆。聚四氟乙烯密封带用于公称通径为 0.6 MPa 和工作温度为 260 ℃的各种海水、淡水、空气、燃油和滑油管路。

聚四氟乙烯密封带必须按逆时针方向缠绕在管接头的外螺纹上。

（六）红粉厚白漆混合填料

在船舶管路安装中，船舷阀件（通海阀、舷旁排出阀等）的安装不同于一般管路的安装，此类阀件与船舷安装好以后，一般不需拆卸，并要求有长期良好的水密性，因此，其密封材料采用帆布加红粉厚白漆混合填料。制作工艺过程简述如下：首先按船舷上的单面座板的规格（主要是外径、内径、双头螺栓中心圆直径和数量等），用帆布制作垫片，再在其两面涂上用红丹粉和厚白漆搅拌而成的混合填料，然后将涂满填料的帆布一层一层地叠上，一般叠 5～7 层，最后，用螺母将船舷阀件固定在单面座板上。

【任务评价】

学习任务工单

项目	项目一 船舶管路选材	任务	任务三 船舶管路附件的选择
任务描述	船舶管路中包括各种附件：连接附件、常用阀件、滤器、检查和测量附件、热交换器、管路常用密封材料。它们有着各自的用途，它们在系统运行中发挥着十分重要的作用		
任务目标	1. 掌握管路法兰连接的分类及作用。 2. 掌握管子其他连接方式的特点及应用场合。 3. 管路中常见附件的作用、结构及原理		
任务思考	1. 什么是法兰连接？分为哪些类型？各自有什么特点？ 2. 管路其他连接方式有哪些？应用在哪些场合？ 3. 管路中常见的阀件有哪些？有什么特点？ 4. 滤器的作用是什么？如何分类？ 5. 热交换器是如何分类的？它们的结构特点是什么？		
任务实施	1. 学生分组，每小组 4~5 人。 2. 每个成员按要求为燃油驳管系选择合适的附件。 3. 小组经过讨论确定任务结果，每小组由中心发言人陈述，经过全体同学讨论，确定正确结果。 4. 检查总结		
任务总结			
实施人员			
任务评价	任务评分标准		

序号	考核指标	分值	备注	得分
1	完成情况	20	在规定时间按时完成上交	
2	完成质量	50	内容准确、全面、充实	
3	小组活动参与度	30	高度完成小组角色，与其他成员合作完成任务	

指导教师： 日期： 年 月 日

【课后练习】

1. 哪些阀件可在高温高压系统中使用?

2. 对于大流量的低压水管路应采用什么连接方式?为什么?

任务四 船舶管路的计算及检验

【任务描述】

管路计算主要根据管系中所输送的工质、流速、温度、压力等参数,确定其管径和管壁厚度。管路质量检验,主要有外观质量和内在质量两大项。选择合适的管径及壁厚,对管路进行规范的检验,对于保障系统稳定运行及使用寿命,是十分重要的。

【知识充电站】

一、船舶管路计算

管路计算主要根据管系中所输送的工质、流速、温度、压力等参数,确定其管径和管壁厚度。

(一)管径计算

公称通径是仅与制造尺寸有关且引用方便的一个圆整数值,不适用计算,它是管道系统中除了用外径或螺纹尺寸代号标记的元件以外的所有其他元件通用的一种规格标记。

一般情况下公称通径的数值既不是管道元件的内径,也不是管道元件的外径,而是与管道元件的外径相接近的一个整数值。

应当注意的是并非所有的管道元件都必须用公称通径标记,例如钢管就可用外径和壁厚进行标记。

公称通径的标记由字母"DN"后跟一个以 mm 为单位表示的数值组成,如公称通径为 80 mm 的管道元件,标记为 DN80。

管道元件公称通径系列见表 1-4-1。表中黑体字为常用公称通径。

管道元件的公称通径在我国工程界也有称其为公称直径的,两者的含义完全相同。

表 1-4-1　管道元件公称通径系列　　　　　　　　　　　　mm

公称通径系列 DN							
3	50	225	450	750	1 200	2 000	3 800
6	65	250	475	800	1 250	2 200	4 000
8	80	275	500	850	1 300	2 400	
10	90	300	525	900	1 350	2 600	
15	100	325	550	950	1 400	2 800	
20	125	350	575	1 000	1 450	3 000	
25	150	375	600	1 050	1 500	3 200	
32	175	400	650	1 100	1 600	3 400	
40	200	425	700	1 150	1 800	3 600	

管径是根据管内流体的流速和流体流经管子的能量损失来决定的。在流量一定的情况下，管径主要取决于管内流体的流速，用下式计算：

$$d = 0.018\sqrt{\frac{q_v}{v}} = 0.018\sqrt{\frac{q_m}{v \cdot \rho}} \qquad (1\text{-}4\text{-}1)$$

式中　d——管子内径（m）；
　　　q_v——流体的容积流量（m³/h）；
　　　v——管内流体的流速（m/s）；
　　　q_m——流体的质量流量（kg/h）；
　　　ρ——流体的密度（kg/m³）。

选定合适的流速是十分重要的。流速过小，管径变大，各种管路附件的直径随之变大，从而使整个管系的重量增加，并使初投资增加。如果流速过大，虽然可使管径减小，但流体在管内的能量损失增加，甚至超过所允许的范围而影响工作。

管内流体的流速依据管内的能量损失或管子的腐蚀程度而定。前一种方法主要用于蒸汽动力装置的蒸汽管路、凝水管路、给水泵的吸入管路、油泵吸入管路等。后一种方法则考虑海水管路的腐蚀、给水管路阀体阀座的腐蚀等。在实际应用中，常推荐的管内流速见表1-4-2。

表 1-4-2　各种管内流体流速

管子名称	压力 /MPa	流速 /（m·s）	备注
海、淡水管路	0.166 6～0.294	0.5～1.5	
锅炉给水管路		≤2.5	常取2
燃油吸入管路		0.1～1.0	
滑油吸入管路		0.15～1.5	
滑油压出管路		0.25～2	
压缩空气管路	2.45～2.94	12～15	管径为 15～150 mm
蒸汽管路	≤3.92	20～40	

腐蚀速度见表1-4-3。

表1-4-3 不同材料管子的腐蚀速度

管子材料	工作介质	管壁腐蚀程度/(mm·年$^{-1}$)
碳钢（10号、20号）	滑油、燃油、空气	0.1
不锈钢	滑油、淡水	0
双金属	滑油、空气	0.1
铜	滑油、空气、淡水	0.1
	海水	0.15
铜镍合金	海水	0.1

（二）管子的壁厚计算

管壁的厚度对于其能够承受工作介质的压力大小，起着决定性的作用，下面简单介绍管子壁厚的计算公式及有关几个常用的压力概念。

1. 压力的概念

（1）压力：单位面积上所受到的正压力称为压强，工程上习惯把压强称为压力。

（2）公称压力：是指管子、附件等在0℃时所能承受的压力，它没有考虑温度对金属强度的影响。公称压力用字母"PN"表示，其后标注压力数值。

（3）工作压力：是指一定温度的液体或气体在工作状态下允许通过管子的压力。工作压力用字母 P 表示。

（4）强度试验压力：是指对管子和附件等做强度试验的压力，用字母 PS 表示。

2. 管子壁厚的计算

各管系输送不同介质，它们的内壁受不同的压力、流速和温度的作用，计算时必须保证管子的必要强度，并按《钢质海船入级与建造规范》有关规定公式计算：

受内压的管子，其最小壁厚：

$$\delta = \delta_0 + b + c \tag{1-4-2}$$

式中 δ ——最小计算壁厚（mm）；

δ_0 ——基本计算壁厚（mm），计算见公式（1-4-3）和公式（1-4-4）；

b ——弯曲附加余量（mm）；

c ——腐蚀余量（mm）。

钢管的腐蚀余量可查表1-4-4，对于铜、铝黄铜和镍含量低于10%的铜镍合金，$c = 0.8$ mm；对镍含量为10%及以上的铜镍合金，$c = 0.5$ mm；对于介质对管材不产生腐蚀者，$c = 0$。

表1-4-4 钢管腐蚀余量

管系用途	腐蚀余量 c/mm	管系用途	腐蚀余量 c/mm
过热蒸汽管系	0.3	滑油管系	0.3
饱和蒸汽管系	0.8	燃油管系	1.0
货油舱蒸汽加热管系	2.0	货油管系	2.0

续表

管系用途	腐蚀余量 c/mm	管系用途	腐蚀余量 c/mm
锅炉开式给水管系	1.5	冷藏装置制冷剂管系	0.3
锅炉闭式给水管系	0.5	淡水管系	0.8
锅炉排污管系	1.5	海水管系	3.0
压缩空气管系	1.0	冷藏货油盐水管系	2.0
液压油管系	0.3		

壁厚计算：

（1）按管道外径确定壁厚时，δ_0 按下式计算：

$$\delta_0 = \frac{pD_w}{2[\sigma]\eta + p} \qquad (1-4-3)$$

（2）按管道内径确定壁厚时，δ_0 按下式计算：

$$\delta_0 = \frac{pd_n}{2[\sigma]\eta - p} \qquad (1-4-4)$$

式中　δ_0——基本计算壁厚（mm）；

　　　P——设计压力（MPa）；

　　　D_w——管子外径（mm）；

　　　d_n——管子内径（mm）；

　　　$[\sigma]$——管子许用应力（Pa）；

　　　η——许用应力修正系数，见表 1-4-5。

表 1-4-5　许用应力修正系数 η

序号	项目	系数 η
1	无缝钢管	1.00
2	单面焊接的螺旋钢管（按有关技术条件检验合格者）	0.60
	对于纵缝焊接钢管及容器如下取用： A. 手工电焊或气焊	
3	双面焊接有坡口对接焊缝	1.00
4	有氩弧焊打底的单面焊接有坡口的对接焊缝	0.90
5	无氩弧焊打底的单面焊接有坡口的对接焊缝	0.75
	B. 熔剂层下的自动焊	
6	双面焊接对接焊缝	1.00
7	单面焊接有坡口对接焊缝	0.85
8	单面焊接无坡口对接焊缝	0.80

从上面计算可以看出，壁厚 δ 与工作压力成正比，即工作压力值越大，其壁厚也就随之增

加；壁厚与许用应力 $[\sigma]$ 成反比，由于许用应力与工作介质的温度也是成反比的，所以壁厚值 δ 与工作介质的温度成正比；工作介质的腐蚀性大的，则 c 值增加、相应的壁厚 δ 值也增加。这就说明，在选用管子时，主要考虑工作介质的压力、温度和腐蚀性三个要素。

二、管路质量检验

用于船舶的管材除化学成分和机械性能必须符合国家和各部颁发标准外，根据需要还应做一些必要的质量检验，主要有外观质量和内在质量两大项。

外观质量检验的内容有管子的内外壁表面是否有裂纹、针孔、气泡、划伤、夹渣，起皮及蜂窝状锈蚀坑等，如有上述现象之一者就应列为不合格的管子，不能使用。因为在管子上存在裂纹等上述缺陷的部位其强度会大大降低，也就意味着管子的使用寿命缩短。

管子的内在质量检验项目有弯曲、扩口、翻边、压扁、氢病（铜管）等试验。

（一）弯曲试验

管子弯曲试验的目的，是测定管材弯曲成规定尺寸和形状的能力，试验可在弯管机上或用人工方法将管子均匀弯曲至试验角度，成形后其弯曲部位任何一部分的外径最小尺寸，都不应小于公称直径的 80%。

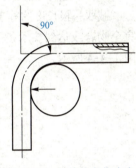

图 1-4-1 钢管的弯曲试验

管子外径在 60 mm 以下时，须用冷弯方法进行试验，60 mm 以上的管子，冷、热弯均可，视试验条件而定。试样长度的确定，以能满足弯曲成按有关技术条件规定的弯曲半径和弯曲角度为准，弯曲角度一般取 90° 为标准，如图 1-4-1 所示。

对于有缝钢管，如果在有关技术条件中没有明确指出管缝的摆放位置，则可任意放置。

试样经弯曲后其检验标准：如果在管壁表面上未发现裂纹即认为合格。

（二）扩口试验

扩口试验的目的，是测定管子直径扩大到一定程度时所引起的金属变形的能力。扩口须在冷态下进行，做扩口试验的钢管壁厚不超过 8 mm，试样长度 $L = 1.5D+50$ mm，试管两端应与管子中心线垂直，试验时，先将试管垂直放在平台上（带凸肩试验稳性好），然后将锥度为 1/10 的圆锥形芯棒压入试样管内，如图 1-4-2 所示。

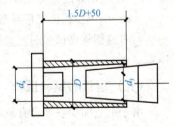

图 1-4-2 钢管的扩口试验

有关的技术条件都规定了各种管子的扩大值，通常管子壁厚 $\delta \leq 4$ mm 时，扩大值取管子外径的 8%～10%，管壁厚 $\delta > 4$ mm 时，扩大值取管子 D 的 5%～6%。扩大值计算公式：

$$\text{扩大值} = \frac{d_1 - d_0}{D} \times 100\% \qquad (1-4-5)$$

式中 d_1——扩大以后的钢管内径（mm）；
　　　d_0——钢管的原内径（mm）；
　　　D——钢管的原外径（mm）。

检验标准：除扩大值应符合规定外，钢管扩口后试样也未出现裂纹则视为合格。

(三) 翻边试验

翻边试验的目的，是测定管壁反折成规定角度时，管子变形的能力（一般只对 D 为 30～59 mm 的管子做这种试验）。

翻边试验可用整根管子进行，也可截取方便试验的任意长度的一段管子进行，试验可用圆头的小锤轻轻敲击翻边部分或用锥形芯棒进行卷边。同样管子的试验端面与管子中心线垂直。翻边折角 α 按规定可取 90°和 60°两种，翻边宽度 H 值取管子内径的 12% 和管子壁厚的 1.5 倍两个值中的最大者，如图 1-4-3 所示。

翻边达到各规定值（α、H）后没有裂纹和裂口，则认为合格。凡是做翻边试验的钢管即可取消扩口试验。

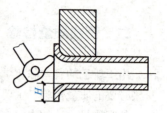

图 1-4-3 钢管的翻边试验

(四) 压扁试验

对管子进行压扁试验的目的，是测定将管子压扁到一定尺寸时管子变形的能力。

截取一根长度约等于管子外径的管子试样，在冷态下用锤击或压力机将其压扁至管子内壁完全吻合或达到技术条件规定的距离 H 为止，如果此时管子没有发现裂纹则为试验合格，如图 1-4-4 所示。

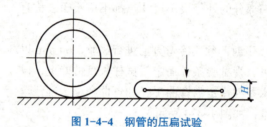

图 1-4-4 钢管的压扁试验

钢管压扁后的 H 值，按下式计算：

$$H = \frac{(1+\alpha)\cdot\delta}{\alpha} + \frac{\delta}{D} \tag{1-4-6}$$

式中　δ——钢管的公称壁厚（mm）；

α——单位长度变形系数，合金钢 $\alpha = 0.09$；低碳钢 $\alpha = 0.08$；碳素钢 $\alpha = 0.07$。

对有缝钢管做试验时，管缝应置于压扁的面上。当钢管 $D < 22$ mm 和 $\delta > 10$ mm 时不做压扁试验。

(五) 铜管的氢病试验

由于工业铜中总是含有氧，它以 Cu_2O 的形式分布在晶粒边界上，Cu_2O 在高温氢气中会发生化学反应：

$$Cu_2O + H_2 \xrightarrow{400\ ℃} H_2O + 2Cu$$

如果铜管材料内含有数量超过 0.01% 的氧，它与火焰内未经燃烧的氢相结合时，就会在材料晶格处产生水蒸气，水蒸气膨胀破坏了晶粒间的联系，使铜变脆甚至产生裂缝，人们把铜管的这种现象称为"氢病"。

"氢病"试验就是将铜管放进钢制容器内，不断充进高温氢气并保温 40 min，然后将试样进行压扁试验，检查是否出现脆裂现象，如没有，则证明管子没有"氢病"，即为合格品。

【任务评价】

学习任务工单

项目	项目一 船舶管路选材	任务	任务四 船舶管路的计算及检验
任务描述	管路计算主要根据管系中所输送的工质、流速、温度、压力等参数，确定其管径和管壁厚度。管路质量检验，主要有外观质量和内在质量两大项			
任务目标	1. 掌握管径和壁厚的计算方法。 2. 掌握管子质量检验的方法			
任务思考	1. 什么是公称通径？ 2. 管子的壁厚和管径的计算方法。			
任务实施	1. 根据要求，计算管径及壁厚。 2. 根据所给管子进行检验。			
任务总结				
实施人员				
任务评价	<table><tr><td colspan="5" align="center">任务评分标准</td></tr><tr><td>序号</td><td>考核指标</td><td>分值</td><td>备注</td><td>得分</td></tr><tr><td>1</td><td>完成情况</td><td>20</td><td>在规定时间按时完成上交</td><td></td></tr><tr><td>2</td><td>完成质量</td><td>50</td><td>内容准确、全面、充实</td><td></td></tr><tr><td>3</td><td>小组活动参与度</td><td>30</td><td>高度完成小组角色，与其他成员合作完成任务</td><td></td></tr><tr><td colspan="5" align="center">指导教师：　　　日期：　　　年　月　日</td></tr></table>			

● 【课后练习】

1. 已知一根主蒸汽管道内通过的介质工作压力为 10.1 MPa，温度为 540 ℃，管子始末两端的平均比体积 V_{av} = 0.036 5 m³/kg，蒸汽的流量 q_m = 250 t/h。试求管子的内径 d_n 并选取管道用料。

2. DN200 蒸汽管道，设计压力 1.5 MPa，设计温度 265 ℃，管道材质为 20 号钢，无缝钢管，计算壁厚。

3. 管子常用的检验方法有哪些？目的分别是什么？

02 项目二　调试船舶动力管系

【项目描述】

动力管系与主发动机相关的设备联合工作，是船舶管系重要的组成部分，其功用是为推进装置服务以保证其正常工作。动力管系按任务不同分为燃油管系、滑油管系、冷却管系、进排气管系、压缩空气管系。

【学习目标】

※ 知识目标
1. 掌握系统的作用与组成；
2. 掌握系统的工作原理；
3. 掌握主要设备及附件的结构及原理。

※ 能力目标
1. 能够识读系统原理图；
2. 能够对系统进行操作与调试。

※ 素质目标
1. 通过自主学习，亲历探究知识的过程；
2. 通过小组合作实施任务，培养动手实践能力、团队合作精神；
3. 学会发现问题、思考问题、解决问题的方法，学会学习；
4. 形成创新精神和实践能力。

任务一　调试船舶燃油管系

【任务描述】

在柴油机船舶上，燃油系统的任务是为船舶动力装置的各种燃油设备（如主机、辅机、燃油锅炉和厨房的燃油炉灶等），提供足够数量合格品质的燃油，其中以供应主机的燃油为主。

调试船舶燃油管系

[知识充电站]

一、燃油管系原理

（一）燃油的注入和驳运

燃油的注入和驳运管系统原理如图 2-1-1 所示。

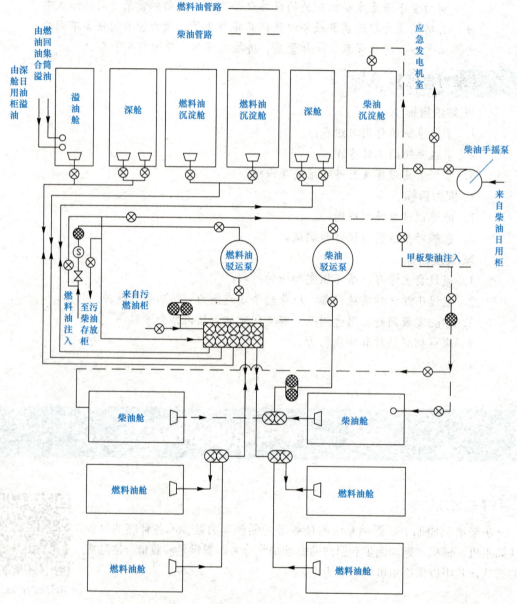

图 2-1-1 燃油注入和驳运管系原理

（二）燃油的净化

燃油净化管系原理如图 2-1-2 所示。

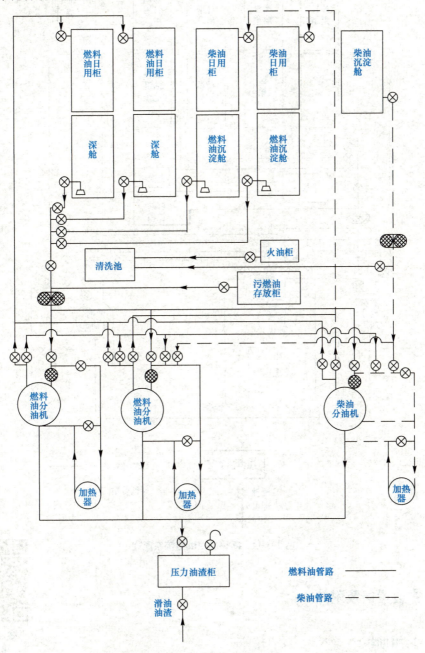

图 2-1-2 燃油净化管系原理

（三）燃油的供给

燃油供给管系原理如图 2-1-3 所示。

55

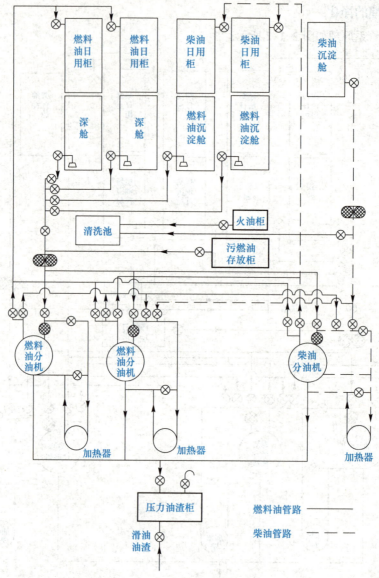

图 2-1-3 锅炉燃油供给管系原理

二、主要设备及附件

(一) 日用油柜

主机使用的燃油由日用油柜供应(图 2-1-4)。日用油柜应装备进油管、出油管、溢流管、空气管、液位表和油盘,且柜上开有人孔,重油日用柜内须装设蒸汽加热管。在日用油柜的出油管上应装置快关直通截止阀(速闭阀)。溢流管的截面面积应大于进油管的截面面积并安装观察器,同时不得装置截止阀或旋塞,溢流一般回到沉淀舱或储存舱。空气管要引至空气流通处,其管端要装金属防火网。液位表若采用玻璃管或塑料管式的液面计,则应有可靠的保护装置。

燃油管系的功能及组成

(二)驳运泵

燃油驳运泵(图2-1-5)功能：一是能将燃油深舱的燃油驳至双层底燃油舱的任一舱内，或完成双层底燃油舱各舱之间的驳运；二是将各燃油储存舱内的燃油通过注入总管从甲板排出；三是将燃油输送至燃油沉淀舱，经沉淀和分油机分离后排至燃油日用油柜，再供给各用油设备。柴油驳运泵功能与燃油输送泵相似，可以将柴油输送至应急发电机柴油柜、锅炉柴油柜、废油柜、柴油沉淀柜以及通过注入总管从甲板排出。

图 2-1-4　日用油柜

图 2-1-5　驳运泵

(三)离心分油机

离心分油机(图2-1-6)主要用来分离燃油中的机械杂质和水分。其工作原理在《船舶柴油机使用与维护》教材中已经学习过。

(四)滤器

滤器(图2-1-7)用来过滤油中的杂质，有粗、细两种。燃油滤器一般为双联式，顶部均装有放气旋塞。过滤重油的滤器，在滤器中还设有蒸汽加热管。滤器的进出口两端一般装有压力表。若压力降超过正常值，则表示滤器已堵塞，需要立即进行清理。若无压力降或压力降过低，则表示滤器的滤网破损或滤芯装配不对，也需立即拆卸检查。

图 2-1-6　离心分油机

图 2-1-7　滤器

(五)雾化加热器

燃油在进入主机喷油泵前,需要在雾化加热器(图2-1-8)中进行加热,一般重油加热温度为100 ℃～150 ℃。雾化加热器中通常采用蒸汽加热。在雾化加热器和主机喷油器之间的管路要有蒸汽保温伴行且包扎绝热材料。

图 2-1-8　雾化加热器

【任务实施】

任务实施见表 2-1-1。

表 2-1-1　任务实施

步骤	要点	图片
注入	轻柴油和重柴油分别经船舶两舷的注入口(图2-1-9)和注入闸阀进入注入总管	图 2-1-9　燃油注入口
贮存	注入后,经驳运阀箱分别进入到双层底油舱和船两侧的深油舱进行贮存。轻柴油也可直接注入轻柴油日用油柜(图2-1-10)和沉淀柜	图 2-1-10　日用油柜

续表

步骤	要点	图片
驳运	①轻柴油驳运泵（图2-1-11）可将轻柴油经油舱吸口、双排双联驳运阀箱、滤器输送到轻柴油日用柜或沉淀柜，并能分路输送到应急发电机油箱。 ②重柴油驳运泵（图2-1-11）经过双排联阀箱将重柴油输送到重柴油日用油柜或沉淀柜及锅炉油箱。 ③各油舱之间，也可借助于阀箱进行相互驳运转换。轻、重柴油驳运泵的吸入和排出管道均互相接通，互为备用	 图2-1-11 驳运泵
净化	①柴油自沉淀柜沉淀后，经轻柴油分油机自带吸油泵输送，通过加热器加热后进入分油机净化，然后经分油机自带排油泵将净化后的轻柴油输入轻柴油日用油柜，以备使用。 ②重柴油在重柴油沉淀柜后，由两台重柴油分油机进行净化，再送入重柴油日用柜，以备使用。 ③两台分油机可以串联或并联使用（图2-1-12）	 图2-1-12 离心分油机
供油	场所一：主机供油（图2-1-13）	轻、重柴油靠自重从日用柜流至集合筒，经粗滤器进入燃油供给泵，再经雾化加热器、细滤器、燃油黏度发讯器，进入主机燃油总管	 图2-1-13 主机

续表

步骤	要点		图片
供油	场所二：柴油发电机供油（图 2-1-14）	轻柴油从日用油柜靠重力流经粗、细滤器，进入柴油发电机自身带动的燃油泵进口，再输送到柴油发电机的高压油泵。燃油泵供给的多余部分燃油，直接回入轻柴油日用油柜	 图 2-1-14 柴油发电机
	场所三：锅炉、应急发电机、厨房供油（图 2-1-15）	锅炉、应急发电机、厨房等一般都用轻柴油，它们都有专门的燃油箱供给，而这些燃油箱中的油都靠轻柴油日用柜提供。如果这些专用油柜的位置高于日用柜，轻柴油可由燃油驳运泵输送到这些专用油柜	 图 2-1-15 锅炉
测量	在燃油系统中还必须设有测量和指示各舱柜液面高度的测量或指示装置、燃油流量计、温度计和压力表等测量仪表（图 2-1-16）		 图 2-1-16 压力表

【任务评价】

学习任务工单

项目	项目二 调试船舶动力管系	任务	任务一 调试船舶燃油管系
任务描述	燃油系统的功用是保证对船舶动力装置中各用油设备或机械提供足够数量合格品质的燃油。它能把燃油畅通无阻地输送到各用油场所,并保证输送的燃油符合设备和机械的要求			
任务目标	1. 掌握系统的作用及组成。 2. 掌握系统工作原理。 3. 能够控制燃油管系			
任务思考	1. 燃油系统的作用是什么? 2. 燃油系统由哪几部分组成?			
任务实施	1. 学生分组,每小组 4~5 人。 2. 每个成员按要求绘制燃油驳运路径。 3. 小组经过讨论确定任务结果,每小组由中心发言人陈述,经过全体同学讨论,确定正确结果。 4. 检查总结			
任务总结				
实施人员				

任务评价

任务评分标准				
序号	考核指标	分值	备注	得分
1	完成情况	20	在规定时间按时完成上交	
2	完成质量	50	内容准确、全面、充实	
3	小组活动参与度	30	高度完成小组角色,与其他成员合作完成任务	

指导教师: 　　　　日期:　　年　月　日

● 【课后练习】

请简单阐述某散货船的燃油输送和注入部分系统中燃油的运行路径（图2-1-17）。

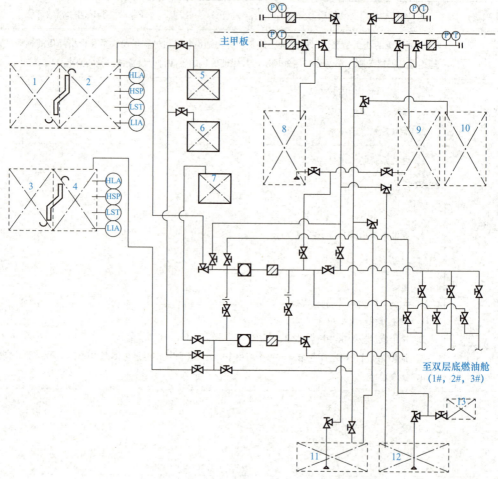

图 2-1-17　某散货船的燃油输送和注入部分的系统

1—燃油日用油柜；2—燃油沉淀柜；3—柴油日用油柜；4—柴油沉淀柜；5—锅炉柴油柜；
6—废油柜；7—应急发电机柴油柜；8—燃油深舱（右）；9—燃油深舱（左）；
10—柴油深舱（左）；11—双层底柴油舱；12—燃油溢流舱；13—燃油泄放柜

【知识拓展】

一、燃油的种类和性能

1. 燃油的种类

对于燃油的分类和规格，各国燃油都有自己的标准。我国将燃油分为轻柴油、重柴油和燃料油三类，前两类为船舶柴油机燃料，后一类为锅炉燃料。

燃油的代号是以其凝点的数值来命名的。-20号轻柴油表示其凝点为-20 ℃，30号重柴油则表示其凝点为30 ℃。

表 2-1-2 和表 2-1-3 列出国产轻柴油和重柴油的质量指标。

表 2-1-2 轻柴油质量指标

项目		质量指标				
		10 号	0 号	−10 号	−20 号	−35 号
十六烷值，不小于		50	50	50	45	43
馏程 50% 馏出温度 /℃，不高于		300	300	300	300	300
馏程 90% 馏出温度 /℃，不高于		355	355	350	350	
馏程 95% 馏出温度 /℃。不高于		365	365			
黏度（20 ℃）	恩氏 /°E	1.2～1.67	1.2～1.67	1.2～1.67	1.15～1.67	1.15～1.67
	运动 /cst	3.0～8.0	3.0～8.0	3.0～8.0	2.5～8.0	2.5～7.0
10% 蒸馏物残碳,%，不大于		0.4	0.4	0.3	0.3	0.3
灰分 /%，不大于		0.025	0.025	0.025	0.025	0.025
硫分 /%，不大于		0.2	0.2	0.2	0.2	0.2
水分 /%，不大于		痕迹	痕迹	痕迹	痕迹	
闪点（闭口）/℃，不低于		65	65	65	65	50

表 2-1-3 重柴油质量指标

项目	国家标准		石油部标准
	RC3-10	RC3-20	30 号
运动黏度（50 ℃）/cst，不大于	13.5	20.5	36.2
恩氏黏度（50 ℃）/°E，不大于			5
残碳 /%，不大于	0.5	0.5	1.5
灰分 /%，不大于	0.04	0.06	0.08
硫分 /%，不大于	0.5	0.5	1.5
水溶性酸和碱	无	无	
机械杂质 /%，不大于	0.1	0.1	0.5

续表

项目	国家标准		石油部标准
	RC3-10	RC3-20	30 号
水分 /%，不大于	0.5	1.0	1.5
闪点（闭口）/℃，不低于	65	65	65
凝固点 /℃，不高于	10	20	30

10 号轻柴油可用于气温高于 10 ℃的地区和季节；0 号轻柴油可在全国各地区 4—9 月间使用，长江以南地区冬季也可使用；-10 号轻柴油适宜于长城以南地区冬季和长江以南地区冬季使用；-20 号轻柴油适宜于长城以北地区冬季和长城以南、黄河以北地区严冬使用；-35 号轻柴油适宜于东北、西北地区严冬使用。

10 号重柴油适用于 500～1 000 r/min 的柴油机；20 号重柴油适用于 300～700 r/min 的柴油机；30 号重柴油适用于 300 r/min 以下的柴油机。

近年来，我国已开始生产供低速柴油机使用的低质燃料油和供柴油发电机使用的船用柴油，以分别代替质量较好的重柴油和轻柴油。这两种柴油的质量指标见表 2-1-4。

表 2-1-4　柴油质量指标

项目	质量指标	
	柴油机燃料油	船用柴油
黏度，恩氏（80 ℃）/°E，不大于	5.0	
运动（100 ℃）/cst，不大于		11.0
雷氏（Red № 1 100 ℉）/s，不大于		55
相对密度 /（15°/4 ℃）	0.91	
60°/60 ℃		0.82～0.83
闪点（闭口）/℃，不低于	80～90	66
凝点 /℃，不高于	20～25	
灰分 /%，不大于	0.1	0.02
水分 /%，不大于	0.3～0.5	0.25
硫分 /%，不大于	0.3～0.5	0.5
机械杂质 /%，不大于	0.1～0.2	0.05
残碳 /%，不大于	8～10	0.5

目前，我国沿海和长江大、中型船舶的柴油机一般使用20号或30号重柴油，柴油发电机则使用0号轻柴油。小型船舶的主机和发电机使用同一种轻柴油。我国远洋重型低速柴油机主要使用国产低质燃料油和国外雷氏一号1 500 s的中间燃料油，柴油发电机则使用0号轻柴油。

2．燃油的性能指标

（1）十六烷值。它是衡量燃油自燃性能的指标。十六烷值高，表示自燃温度低，着火落后期短，着火容易。一般采用十六烷值为40～55。重型低速柴油机的燃烧时间相对较长，对燃油的自燃性能不做严格要求，所以只有轻柴油才有十六烷值的指标。

（2）馏程。馏程是测定燃油蒸发性能的指标，常以在某一温度下燃油所能蒸发掉的百分数表示。馏程温度低，则轻质成分多，蒸发快；反之，则重质成分多，在较高温度下才能蒸发。由于燃油在气缸中混合燃烧时，蒸发性能不好就来不及蒸发，造成燃烧不完全，所以高速柴油机只能用馏程较低的轻柴油，而低速柴油机可选用重油。

（3）黏度。黏度表示燃油自身流动中的内阻力，是燃油最重要的特性，它对燃油的雾化、过滤和流动性均具有很大影响。黏度过大不利于燃油雾化，使燃烧不良，燃油流动性也差，容易造成供油中断；黏度过小则会引起喷油泵柱塞偶件、喷油器针阀偶件的润滑不良而加剧磨损。

我国常用恩氏黏度（°E）和运动黏度（cst）来表示燃油的黏度。英、美等国则常用雷氏一号（Red No 1），以秒数表示。

燃油的黏度与它的品种有关。燃料油的黏度最大，重柴油次之，轻柴油最小。同一品种的燃油黏度则与其温度和压力有关，温度增高，则黏度降低，压力增加，则黏度也增大。

（4）残碳。燃油经加热干馏蒸发后所剩下的残馏焦炭叫残碳，以残留焦炭占燃油的重量百分数表示。残碳值过高会造成喷油嘴积碳、堵塞、活塞环粘结、卡死以至折断。

（5）灰分。燃油经燃烧后所生成的金属氧化物和盐类的残留物叫灰分，以残留灰分占燃油重量的百分数表示。灰分主要起磨料作用，会加剧气缸的颗粒磨损。

（6）硫分。燃油中所含硫的重量百分数叫硫分。硫在液态情况下，对燃油系统的管壁、容器、喷油泵和喷油器有腐蚀作用；硫燃烧后会生成三氧化硫，当气缸壁的温度低于它们的露点（在气缸中压力较高的条件下，大型低速柴油机的燃烧产物的露点为150 ℃～170 ℃）时，三氧化硫与水就会凝结成硫酸。硫酸对燃烧室、缸套、活塞等部件有强烈的腐蚀作用。

（7）机械杂质。燃油的机械杂质包括灰尘、砂粒和液渣等，以其占燃油的百分数来表示。机械杂质不能燃烧，却可能使喷油孔堵塞、中断供油和加剧燃油喷油泵的磨损。

（8）水分。燃油中所含水的重量百分数叫水分。燃油中的水分将降低燃油的发热值，破坏柴油机的正常发火；海水中溶解的盐类会助长腐蚀，加剧气缸的磨损。

（9）闪点。闪点是衡量燃油产生火灾危险程度的指标，燃油的蒸汽与空气的混合气同火焰接触而闪光的最低温度称为燃油的闪点，常用的是闭口闪点。从闪点的高低就可以决定其贮存的环境温度。如闪光时间长达5 s，这时的温度即为燃点。

（10）凝固点。燃油开始凝固而失去流动性的温度称为凝固点，根据凝固点的高低可以决定不同地区和季节使用的燃油。

二、燃油回油集合筒

燃油供给泵送出的燃油量必定大于柴油机的燃油需要量，故多余的燃油经设在主机上的回油压力调节阀、回油总管流至燃油回油集合筒。柴油回油集合筒的主要作用如下：

重油及轻柴油使用要点

（1）当重柴油和轻柴油要相互交换使用时，由于重柴油黏度大，必须加热到60 ℃～70 ℃后才能进入主机使用；轻柴油可直接使用。因两种油的温差大，为确保主机高压油泵可靠工作，必须要有一段混合过程，以逐步替换燃油品种。这时就可在回油集合筒中进行轻、重柴油的混合以达到燃油温度的缓慢变化，确保柴油机高压泵不会因油温突变而损坏。

（2）在该筒上设有透气管，可以保证回油经过时不断地排出燃油中的气体，确保柴油机工作的稳定性。

（3）主机使用高温的重柴油时，使高温的回油不回到日用油柜，这样不会使整个日用油柜中的油加热到高温。

三、对重油采取的措施

由于重油的黏度高，含有较多的硫分、水分和机械杂质等，所以在使用中需要采取以下的相应措施。

1. 加热

由于重油的黏度很高，凝固点都在0 ℃以上，在常温下已失去流动性，所以重油在注入、驳运、沉淀、分离和供应时都要进行加热。

对重油加热的温度根据重油在管路中工作的具体情况而定。在注入和驳运时，只需将重油加热至有足够的流动性即可，一般油舱加热温度为15 ℃～20 ℃，吸口为35 ℃～40 ℃（不超过40 ℃）；沉淀柜中的加热温度为50 ℃～70 ℃（应比闪点低25 ℃～30 ℃，比凝固点低15 ℃），以提高沉淀速度。为了保证良好的分离效果，燃油要经净油机中的加热器加热，加热温度以75 ℃～85 ℃为最佳，不可超过90 ℃，防止重油中的水分蒸发而降低分离质量。对进分杂机分油时的燃油温度可适当提高到90 ℃～95 ℃，日用油柜中的重油温度应保持为70 ℃～80 ℃。雾化加热器中的加热温度应使重油的黏度降为2.1 °E～3.3 °E（12～25 cst或60～100 s Red No 1）。考虑到重油压力增高会使黏度增大，一般加热到100 ℃～150 ℃。

为了保持燃油有一定的温度和黏度，在雾化加热器和主机喷油器之间的管路要有蒸汽保温伴行且包扎绝热材料。

2. 清理

由于重油中的机械杂质和水分很多，所以重油的净化清理显得特别重要。

净化清理常用的方法有过滤、沉淀和离心分离三种。

（1）过滤法。此法是利用粗、细滤器来滤去燃油中的各种杂质。一般在驳运泵的进口设置粗滤器除去较大的杂质，而在主机的进口（主机喷油泵）要设置细滤器，以保证进主机的燃油质量。

（2）沉淀法。此法是将重油放在沉淀舱中进行沉淀清理。这是由于燃油中的机械杂质和水分的相对密度都比油大，所以能慢慢地落在沉淀油舱的底部。为了加快沉淀，可以将燃油适当地加热，因为燃油加热以后的黏度减小，杂质和水分下降的阻力也减少了，因而沉降的速度就加快了。沉淀时间一般需 24 h 以上。

（3）离心分离法。此法是利用离心分油机来除去重油中的水分和更小的机械杂质。重油一般采用两级分离。第一级采用净油机，用来分离重油中的水分，第二级采用澄油机，用来分离重油中的机械杂质。

3. 防腐蚀

重油中的硫分特别多，硫燃烧再氧化吸水后产生的硫酸有强烈的腐蚀作用，所以柴油机使用重油时的防腐蚀问题很重要。目前常用碱性气缸油来中和气缸中的酸性物质，同时使气缸壁的温度超过燃烧产物的露点，防止产生硫酸。

4. 切换轻柴油

使用重油的柴油机必须有一套能立即换用轻柴油的系统。由于重油在使用中必须特别注意加热、清理等措施，所以为了安全起见，在船舶进出港和柴油机启动时使用轻柴油。为了防止管路和设备中的重油凝固而影响下一次的启动运行，柴油机停车前也应使用轻柴油。

任务二　调试船舶滑油系统

【任务描述】

滑油系统的任务就是向船舶设备运动部件的各摩擦表面供应具有一定压力和适量的润滑油。船舶柴油机的运动部件如曲轴、活塞、十字头滑块等，在主轴承、气缸壁、导板上转动或滑动时，其接触表面就要发生摩擦。当它们直接摩擦（干摩擦）时，既消耗了功率也加剧了机械磨损甚至造成运动部件咬死。如果向摩擦表面之间加入一些液体（滑油），在摩擦表面上就产生一层油膜，使"干"摩擦变为"湿"摩擦。这样就可大大地减小摩擦阻力，减少功率消耗和减轻磨损。滑油除了有润滑作用之外，还起着冷却、清洁、密封、防锈、减振和减轻噪声等作用。

【知识充电站】

一、重型低速柴油机滑油系统原理

重型低速柴油机滑油系统原理如图 2-2-1～图 2-2-3 所示。

重型低速柴油机滑油系统原理

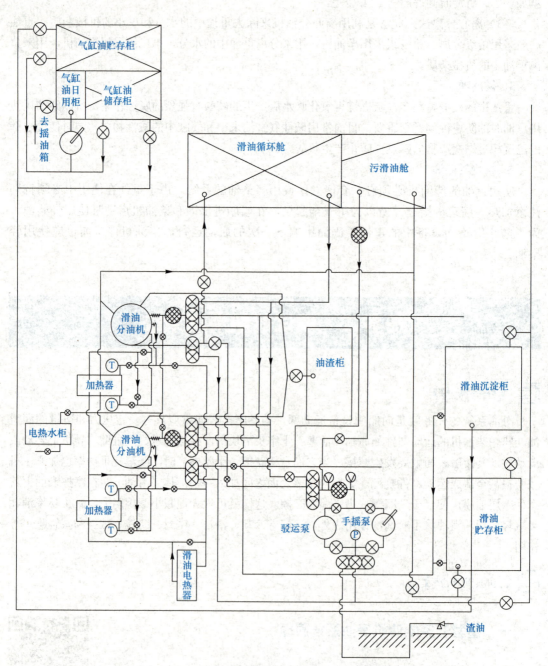

图 2-2-1 柴油机滑油注入、驳运、净化管路

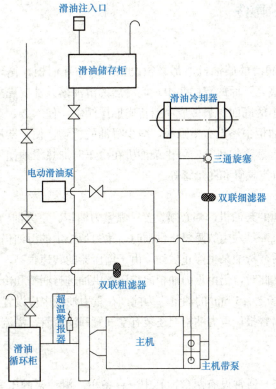

图 2-2-2　小型船舶滑油系统原理

调试船舶滑油管系

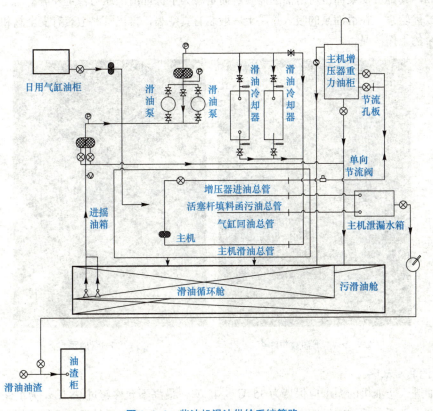

图 2-2-3　柴油机滑油供给系统管路

二、主要设备及附件

1. 循环油柜

采用干底压力式润滑的柴油机，都必须设置一只循环油柜。循环油柜一般设置在柴油机油底壳下面的双层底中。润滑后的滑油落入油底壳，最后汇集于循环油柜。油柜的底面一般做成由船首向船尾倾斜，使水分、杂质等沉污物集中到一端。油柜中还设有横隔板，减少滑油的扰动，便于杂质的沉淀。循环油柜中常设有蒸汽加热管，可供柴油机在冷车时加热滑油使用。此外，循环油柜上还设有空气管和测量管等。

滑油管系的功能及原理

2. 重力油柜

采用废气涡轮增压的柴油机，都必须设置一只重力油柜。重力油柜（图2-2-4）的作用是在柴油机工作而滑油泵一旦发生故障停止供油时，重力油柜中的滑油仍能借重力作用向增压器供油。当柴油机停车后，滑油泵也停止供油。由于增压器的转速很高，惯性很大，主机停车后它仍要旋转一定时间，此时，仍由重力油柜向增压器供油进行润滑和冷却。重力油柜的滑油至少要保证供应增压器 10～15 min 的油量，为此，在重力油柜中应设置低油位报警器，当油位低于规定值时，便发出警报。重力油柜上还装有空气管和溢流管，溢流管上应装有观察器，溢流可回到循环油柜。

3. 滑油泵

滑油泵（图2-2-5）通常设有两台，其中一台备用。滑油泵的压力较低，一般为 0.15～0.49 MPa，其排量视柴油机对滑油的需要量而定。为了保证滑油压力稳定和流动均匀，常采用螺杆泵或齿轮泵。在滑油泵的吸入管路上一般装有真空表，排出管路上装有安全阀和压力表，以了解泵的工作情况。

图 2-2-4 滑油重力油柜

图 2-2-5 滑油泵

4. 滑油冷却器

滑油进入柴油机的温度应保持为 35 ℃～45 ℃，最高不允许超过 65 ℃。为了保证滑油的正常温度，必须在系统中设置滑油冷却器（图2-2-6），对升温后的滑油进行冷却。冷却管束安装在两块管板之间，冷却管两端与管板连接处应有良好的密封。在端盖内的中部安装有一块隔板，用以隔开舷外水（海、江、河水）进、出口，舷外水从左下部经冷却水管流至右端，然后经上部冷却水管流至左上部的水腔，再从排出管流出冷却器。滑油自冷却器左端流向右端，沿着几道隔板呈曲线流动，以增大滑油的流速和流程，提高冷却效果。

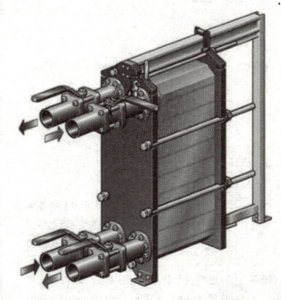

图 2-2-6　滑油冷却器

【任务实施】

任务实施见表 2-2-1。

轴系的润滑

表 2-2-1　任务实施

步骤	要点	图片
注入	清洁滑油从甲板注入阀（或注入口）（图 2-2-7）直接注入滑油循环柜、滑油储存柜和滑油污油柜（可暂作储存柜用）	图 2-2-7　滑油注入口

续表

步骤	要点	图片
储存	滑油主要储存在滑油储存柜（图2-2-8）	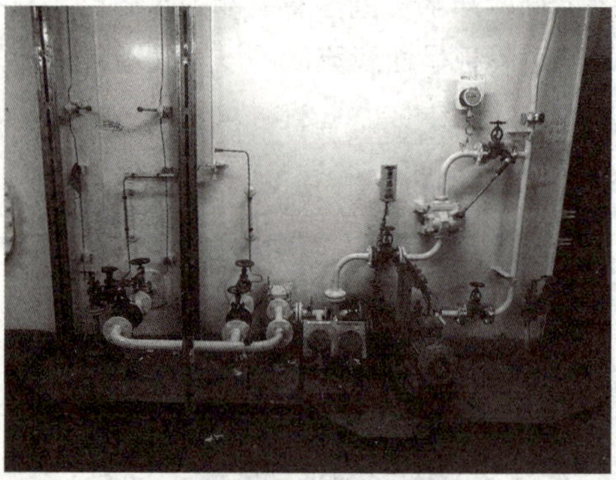 图 2-2-8　滑油储存柜
循环	①滑油循环柜中的高位清洁滑油经磁性粗滤器由滑油泵（图2-2-9）抽出，通过细滤器和滑油冷却器（或旁通）送入主机的滑油总管。 ②滑油总管上开有许多支管，滑油由各支管分别流至主轴承、十字头、连杆、凸轮轴、传动齿轮等处。 ③润滑后的滑油都落入柴油机油底壳，最后汇集于循环油柜	 图 2-2-9　滑油泵
清理	在柴油机运转中，对滑油必须进行连续地分离和澄清处理。分油机（图2-2-10）附带的吸入泵从循环油柜的最低处，将滑油吸出，经加热器加热后送入分油机，分油机（净油机）分离出的净油则用排出泵送回循环柜	 图 2-2-10　分油机

● 【任务评价】

学习任务工单

项目	项目二 调试船舶动力管系	任务	任务二 调试船舶滑油系统
任务描述	滑油系统的任务就是向船舶设备运动部件的各摩擦表面供应具有一定压力和适量的润滑油。船舶柴油机的运动部件（如曲轴、活塞、十字头滑块等），在主轴承、气缸壁、导板上转动或滑动时，其接触表面就要发生摩擦。当它们直接摩擦（干摩擦）时，既消耗了功率也加剧了机械磨损甚至造成运动部件咬死。如果向摩擦表面之间加入一些液体（滑油），在摩擦表面上就产生一层油膜，使"干"摩擦变为"湿"摩擦。这样就可大大地减小摩擦阻力，减少功率消耗和减轻磨损。滑油除了有润滑作用之外，还起着冷却、清洁、密封、防锈、减振和减轻噪声等作用		
任务目标	1. 掌握系统的作用及组成。 2. 掌握系统工作原理。 3. 能够控制滑油管系		
任务思考	1. 滑油系统的作用是什么？ 2. 滑油系统由哪几部分组成？		
任务实施	1. 学生分组，每小组4～5人。 2. 每个成员按要求绘制滑油驳运路径。 3. 小组经过讨论确定任务结果，每小组由中心发言人陈述，经过全体同学讨论，确定正确结果。 4. 检查总结		
任务总结			
实施人员			

任务评价	任务评分标准				
	序号	考核指标	分值	备注	得分
	1	完成情况	20	在规定时间按时完成上交	
	2	完成质量	50	内容准确、全面、充实	
	3	小组活动参与度	30	高度完成小组角色，与其他成员合作完成任务	
	指导教师： 日期： 年 月 日				

● 【课后练习】

1. 常见的润滑方式有哪些？分别应用于哪些情况？

2. 大型低速柴油机润滑系统一般分为哪几部分？

【知识拓展】

如果使用的润滑油能满足涡轮增压器的要求，则在滑油冷却器的出口开一支管，滑油经增压器细滤器进入重力油柜，滑油则依靠重力作用流至涡轮增压器进行润滑，回油也回到循环油柜。为了保证增压器的润滑，重力油柜必须保持一定的高度和油量，为此设置一只低油位报警器。重力油柜上还设有溢流管，管上安装有观察器，溢流流至循环油柜。

若涡轮增压器采用黏度较低的汽轮机油（30号）润滑，则设独立的增压器润滑系统，一般多为重力—压力混合系统，如图2-2-11所示。循环油泵从循环油柜中吸油，经冷却器（或旁通）和双联细滤器送入重力油柜，再由重力油柜向增压器供油进行润滑，用过的滑油流回循环柜。重力油柜上设有低油位报警器和溢流管观察器。汽轮机油储存柜可向循环油柜补油。

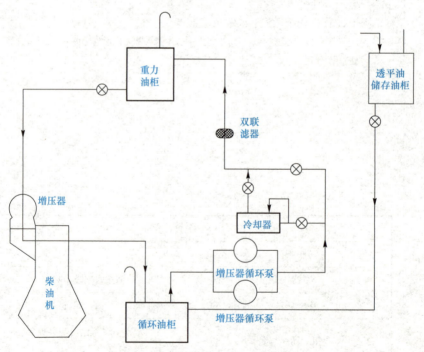

图2-2-11 涡轮增压器的润滑系统

任务三 调试船舶冷却管系

📋 **【任务描述】**

在柴油机动力装置中，有许多机械设备在正常工作中不断地产生热量。这些热量如果不及时散发出去，机械设备的温度就会不断地上升，甚至超过允许的限度而引发严重事故。船舶上机械设备的散热主要采用冷却液（淡水、海水、油）去冷却受热机件的形式。

冷却水管系的作用及分类

📖 **【知识充电站】**

一、柴油机的冷却方式

在船舶柴油机动力装置中常采用直接冷却和间接冷却两种方式。间接冷却又分为水—水冷却和油—水冷却。

直接冷却是用舷外水直接冷却各散热设备，冷却以后将舷外水排出舷外，所以这种冷却方式又称为直接冷却或开式冷却。

水—水冷却是用冷却介质（淡水或油）对机件进行冷却，然后用舷外水去冷却淡水，所以叫做水—水冷却。

调试船舶冷却水管系

油—水冷却是用油来冷却某些主机的部件，而用舷外水来冷却油，所以叫油—水冷却。

1. 直接冷却

图 2-3-1 所示为直接冷却系统原理。海水泵从海底门经通海阀和海水滤器吸入海水。从海水泵排出的海水则经过滑油冷却器，吸收滑油自柴油机带来的热量，然后进入柴油机，带走缸套和气缸盖中的热量，最后汇集于总管，推开单向阀而排至舷外。水温调节阀能根据离开柴油机的海水温度自动调节回流管的海水流量，以保持柴油机不致过热或过冷。油温调节阀则根据滑油温度的变化，自动调节流过滑油冷却器的冷却水量，以保持滑油温度基本不变而维持适当的黏度。

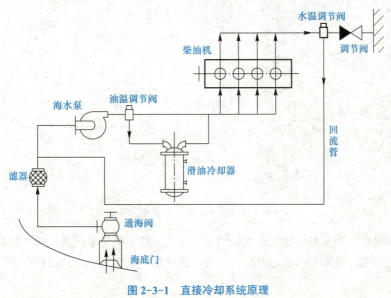

图 2-3-1 直接冷却系统原理

这种用舷外水直接冷却的方式有很大的缺点，首先由于从舷外引进的江水中夹有泥沙和污物，进入管路中会将滤器和冷却器堵塞，妨碍正常传热。特别在港口附近，不仅泥沙多，而且水面上常飘浮一层油膜，更会降低传热效果。海水中虽无泥沙垃圾，但含有较高的盐分。当海水温度高达 50 ℃～55 ℃时，会大量析出盐分而黏附在高温的热表面上，如气缸套、气缸盖的冷却壁面上，而在局部的死角、转弯等处更易形成结垢现象。这种结垢是不良热导体，妨碍了热量向海水的传导。工作时间越长，积垢越厚，传热阻力就越大，引起局部过热而导致气缸套、气缸盖等破裂。因此，直接冷却的海水出口温度限制在 55 ℃以下。其次，冷却水的温度由于季节变化而降低时，缸壁内外的温差大，因而被冷却水带走的热量就多，这就直接导致柴油机的热效率大大降低。

因此，直接冷却只用在冷却温度较低的部件上，如空气冷却器、轴承、空气压缩机等。

2．间接冷却

间接冷却包括水—水冷却和油—水冷却。

图 2-3-2 所示为水—水冷却管路原理图。它有两套独立的管路即海水管路和淡水管路。

在海水管路中，海水泵将舷外海水经海底门、通海阀和滤器吸上，经过淡水冷却器后，排出舷外。

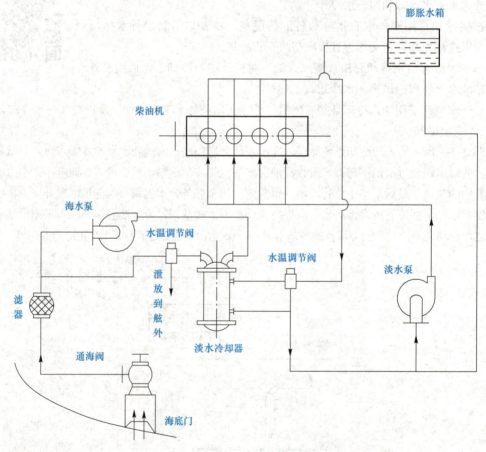

图 2-3-2 水－水冷却管路原理

在淡水管路中，淡水泵把淡水送入柴油机，淡水吸收主机热量后进入淡水冷却器，又将带来的热量传给海水，降低了本身的温度后，再由淡水泵打入柴油机，从而在淡水管路中不断地循环。淡水温度调节阀则根据主机淡水出口滑油温度的高低来调节进入主机的淡水温度。淡水循环管路中还设置了一只高位膨胀水箱，此膨胀水箱可以用来适应淡水管路内的液体体积因温差而引起的变化，排除淡水管路中的气（汽）体，补充管路中的淡水损失和维持淡水泵的吸入压力。

　　用淡水冷却不会产生水垢，所以冷却水腔内通道不会产生堵塞的现象，能保证良好的传热效果。同时冷却水的温度一般可以达到65 ℃～85 ℃，某些柴油机可高达100 ℃以上。这样柴油机热表面与冷却水之间温差减小，被冷却水带走的热量就减少，有利于提高热效率和热负荷，所以大型柴油机都采用这种冷却方式。

　　某些柴油机部件（如活塞、喷油嘴）的冷却不是采用淡水冷却，而是采用油（滑油或柴油）冷却，再用海水去冷却油，这就是油—水冷却。其管系布置基本上与淡水冷却相同。

　　这种冷却的优点是即使活塞冷却密封装置失灵或破坏，冷却油（滑油）渗漏入油底壳并进入滑油循环柜，也不会产生滑油乳化问题。如果冷却水漏入滑油循环柜，则会破坏滑油质量。用柴油冷却喷油嘴时，即使喷油嘴渗漏，也没有问题，而冷却水漏入喷油嘴则是绝对不允许的。其缺点是冷却效果较差，所用的冷却油量比冷却水量要大许多。另外在高温时，油雾引起碳化，在冷却壁面上形成积碳现象而影响传热。

　　由于活塞、喷油嘴的冷却密封装置的逐步完善，基本解决了密封问题，因此现在许多柴油机已经逐步由油冷却改为水冷却。

二、主机冷却系统原理

（一）海水冷却系统原理

海水冷却系统原理如图2-3-3所示。

（二）主机缸套淡水冷却系统原理

主机缸套淡水冷却系统原理如图2-3-4所示。

冷却水管系的
工作原理

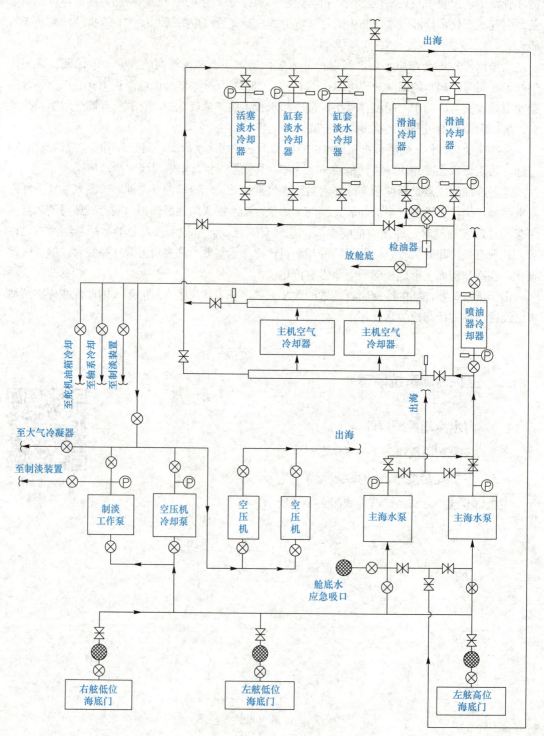

图 2-3-3 海水冷却系统

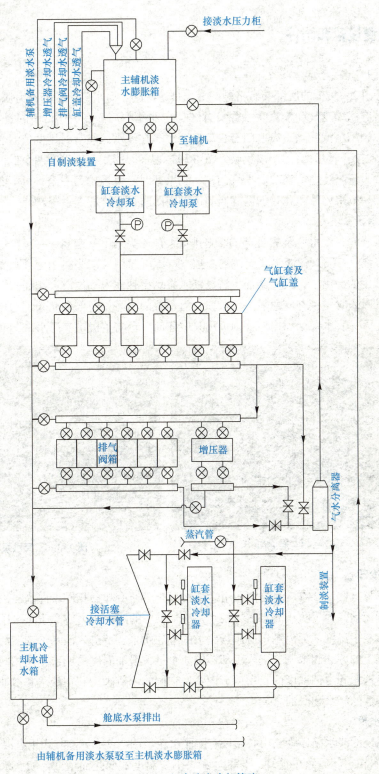

图 2-3-4　缸套淡水冷却管路

三、主要设备和附件

1．海底门

海底门（图 2-3-5）的底部装有格栅，上部是通海阀。海水经格栅和通海阀进入海水总管。海底门上还装有压缩空气和蒸汽吹除管，当格栅被污物堵塞时，可用压缩空气吹除。如果格栅上聚有冰粒，则用蒸汽吹除。海底门至少应有两个。在深水区航行时用低位海底门，在浅水区或港区内航行时用高位海底门，以免吸入沉沙和杂物等。船舶一般设有两个低位海底门和一个高位海底门，由管路连通，当一个海底门被污物堵塞时，可换用另一个。每个海底门后都设有滤器。此滤器一般采用较大孔径的粗滤网制成，用以防止污物进入系统。

2．冷却水泵

对冷却水（海、淡水）泵的要求主要是排量大，压头则不一定高。一般广泛采用离心式水泵。海水泵（图 2-3-6）和淡水泵应该完全独立，不可通用。某些船舶为了减少设备，仅设一台海、淡水共用的备用泵。大型柴油机海、淡水泵均由独立电动离心泵担任。海水泵的排量很大，通常在其吸入管中接一应急舱底水吸口。海水泵的出海口还与消防泵、通用泵、压载泵等的出口相通，万一海水泵全部损坏，则可用其中任何一台向主机供应海水。

图 2-3-5 海底门

图 2-3-6 海水泵

3．淡水冷却器

淡水冷却器（图 2-3-7）的结构和用途基本上与滑油冷却器相同。海水在冷却管中流动，淡水在管壳中流动，为了防止海水漏入淡水，冷却器中的淡水压力应高于海水压力。

为了调节淡水温度，可以利用海水管路上的旁通阀来调节进入淡水冷却器的海水量，或者利用淡水管路上的旁通阀来调节进入冷却器的淡水量。滑油温度的调节也用相同方法。现代新型船舶都装有淡水和滑油温度的自动调节设备，它们的调节阀均装在淡水和滑油的管路中，以控制进入冷却器的淡水和滑油量。

4．膨胀水箱

在冷却系统的淡水循环管路中必须设有膨胀水箱（图 2-3-8），其作用有以下几种：

（1）淡水在封闭管路中循环，它的体积会随着温度的变化而增减，膨胀水箱能适应这种体积变化。

（2）淡水受热温度升高时，其中有气（汽）体分离出来，这些气（汽）体必须及时从管路中排出，否则会产生淡水通道内的汽阻。

（3）膨胀水箱与淡水泵的入口有管路相通，运转过程中因管路泄漏或淡水蒸发而损失的淡水可由此管路补充。

图 2-3-7　淡水冷却器

图 2-3-8　膨胀水箱

【任务实施】

任务实施见表 2-3-1。

表 2-3-1　任务实施

类型	要点	图片
海水冷却系统	①海水泵将舷外海水经海底门（高位或低位）和滤器吸上后，分几路打出。一路先打入主机空气冷却器，冷却增压空气后，再进入主机活塞淡水冷却器（图 2-3-9）去冷却活塞冷却水。 ②另一路则先打入制淡装置冷凝蒸发汽，以后再进入滑油冷却器去冷却滑油。 ③这两路冷却海水合并成一路进入缸套冷却器，最后排出舷外	图 2-3-9　淡水冷却器
淡水冷却系统	①主机缸套冷却水泵将淡水打入分配总管，通过各缸单独的截止阀后依次进入气缸的下部水腔、上部水腔和气缸盖下部、上部水腔，最后从气缸盖上部汇成一路流入出水总管。 ②出水总管中的冷却水再分成两路分别去冷却各排气阀和涡轮增压器蜗壳。 ③这两路出水汇集后进入缸套淡水冷却器，进行热量交换。然后由缸套冷却水泵打入分配总管，形成闭合循环（图 2-3-10）	图 2-3-10　缸套与活塞

【任务评价】

学习任务工单

项目	项目二 调试船舶动力管系	任务	任务三 调试船舶冷却管系
任务描述	在柴油机动力装置中，有许多机械设备在正常工作中不断地产生热量。这些热量如果不及时散发出去，机械设备的温度就要不断地上升，甚至超过允许的限度而引发严重事故。船舶上机械设备的散热主要采用冷却液（淡水、海水、油）去冷却受热机件的形式		
任务目标	1. 掌握船舶柴油机动力装置中常见冷却方式。 2. 掌握系统的作用及工作原理。 3. 能够控制冷却管系		
任务思考	1. 冷却系统的作用是什么？ 2. 常见冷却方式有哪些？什么特点？		
任务实施	1. 学生分组，每小组4～5人。 2. 每个成员按要求绘制冷却管系运行路径。 3. 小组经过讨论确定任务结果，每小组由中心发言人陈述，经过全体同学讨论，确定正确结果。 4. 检查总结		
任务总结			
实施人员			

任务评分标准					
	序号	考核指标	分值	备注	得分
任务评价	1	完成情况	20	在规定时间按时完成上交	
	2	完成质量	50	内容准确、全面、充实	
	3	小组活动参与度	30	高度完成小组角色，与其他成员合作完成任务	
	指导教师： 　　　　　日期：　　年　　月　　日					

● 【课后练习】

膨胀水箱的作用是什么？

任务四　调试船舶压缩空气管系

【任务描述】

在柴油机船舶上，压缩空气的应用很广，主要用于主柴油机和柴油发电机的启动，鸣气笛，海、淡水压力柜的充气，海底门、油渣柜等的吹除，以及用来作为风动机械的动力与一些自动控制和自动调节的能源。在舰艇上，它还用来发射武器（鱼雷）和使潜艇迅速上浮等。

调试船舶
压缩空气管系

【知识充电站】

一、压缩空气系统原理

压缩空气系统原理如图 2-4-1 所示。

压缩空气管系的
功能及原理

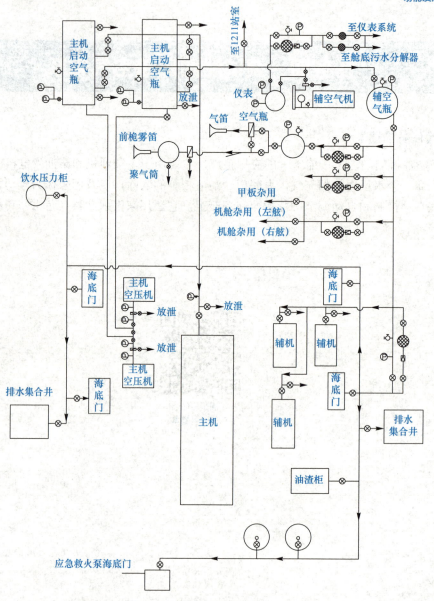

图 2-4-1 某船压缩空气原理

二、主要设备及附件

1. 空气压缩机

用来压缩空气的机械称为空气压缩机（空压机）（图 2-4-2）。船上都采用活塞式空气压缩机。在大中型柴油机船舶上，压缩空气的消耗量大，为了满足主机启动和换向的需要，保证船舶的航行安全，一般需要配备 2～3 台空压机。它们都是由独立的原动机带动。

2. 气水分离器

气水分离器（图 2-4-3）的作用就是分离冷却后的压缩空气中的油和水，以提高充入空气瓶中压缩空气的质量。从空压机出来的压缩空气，经过冷却器冷却后进入分离器。由于分离器的流通截面比一般管子截面大得多，所以空气流速突然降低，一部分油珠和水珠在重力作用下，沉积在分离器的底部。压缩空气在分离中通过两道过滤管，其流动方向也发生改变，气流中所带的细小液滴由于惯性的作用，碰撞在过滤管湿润的表面上，在重力作用下，流至分离器底部。分离后的压缩空气则顶开上部的珠阀进入空气瓶。分离器底部还装有直通旋塞，可定期泄放分离出来的油和水。在泄放时，分离器上部的钢球就紧压在阀座上，使空气瓶中的压缩空气不会倒流，钢球起到止回阀的作用（图 2-4-4）。

图 2-4-2　空压机

图 2-4-3　气水分离器

3. 空气瓶

空气瓶（图 2-4-5）的用途是储存压缩空气，随时供主机启动或其他用途。空气瓶一般由钢板卷焊而成。供主机启动用的主空气瓶至少要两只，其总容量应在不补充空气的情况下，能交替连续供所有主机（冷机）启动。供柴油发电机启动用的辅空气瓶至少有一只，其容量应在不补充空气的情况下，可供最大功率的柴油发电机（冷机）连续启动 6 次。其他用途的压缩空气则设有一定容量的专用空气瓶。

4. 减压阀

由于船上各用气设备对压缩空气的压力要求不同，所以用减压阀将压缩空气的压力减至各种大小不同的压力。

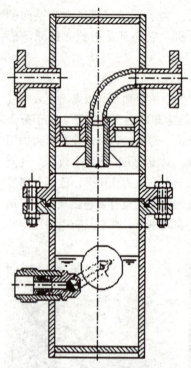

图 2-4-4 气水分离器剖面图

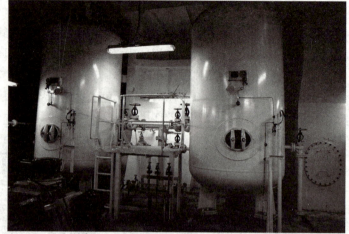

图 2-4-5 空气瓶

【任务实施】

任务实施见表 2-4-1。

表 2-4-1 任务实施

类型	要点	图片
压缩空气系统	①该船有一台主柴油机和三台柴油发电机，它们都是用压缩空气启动。两台电动主空气压缩机（图 2-4-6）可以单独或联合工作，它们所产生的压缩空气经空气冷却器、气水分离器冷却和分离水分后，通过截止止回阀进入两只主空气瓶	图 2-4-6 主空压机

续表

类型	要点	图片
压缩空气系统	②主空气瓶内的压缩空气通过截止止回阀（图2-4-7）和主启动阀供主机启动，主机启动的正常压力为1.5～3 MPa，所以当主空气瓶内的压力降至1.5 MPa时，主空压机必须重新工作，继续向主空瓶充气，直至瓶内压力达到3 MPa时停止	 图2-4-7 截止止回阀
	③辅空气压缩机产生的压缩空气经空气冷却器、气水分离器和截止止回阀后，分为两路。一路经减压阀组（图2-4-8）（3～1 MPa）进入气笛空气瓶，气笛空气瓶内的压缩空气分别经过气水分离器、集气筒、控制阀，供气笛和雾笛使用，另一路经减压阀组（3～2.5 MPa）进入辅空气瓶	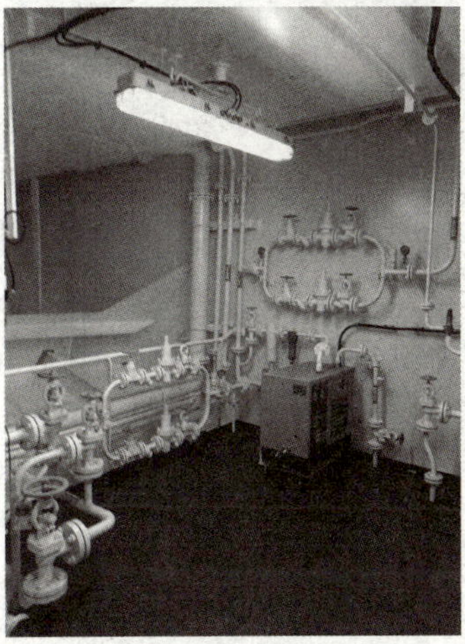 图2-4-8 空气减压阀组
	④辅空气瓶（图2-4-9）内的压缩空气一路经发电机启动阀，供三台柴油发电机启动，另一路则经减压阀组（2.5～1 MPa）减压后，再分成两路。一路接至全船甲板、机舱等处供杂用（风动工具或做能源）；另一路再经减压阀组（1～0.3 MPa）减压后，供海、淡水压力柜和吹除海底门使用	 图2-4-9 辅空气瓶

【任务评价】

学习任务工单

项目	项目二 调试船舶动力管系		任务	任务四 调试船舶压缩空气管系
任务描述	在柴油机船舶上，压缩空气的应用很广，主要用于主柴油机和柴油发电机的启动，鸣气笛，海、淡水压力柜的充气，海底门、油渣柜等的吹除，以及用来作为风动机械的动力与一些自动控制和自动调节的能源。在舰艇上，它还用来发射武器（鱼雷）和使潜艇迅速上浮等			
任务目标	1. 掌握船舶压缩空气用途。 2. 掌握系统的作用及工作原理。 3. 能够控制压缩空气管系			
任务思考	压缩空气在船上的用途是什么？			
任务实施	1. 学生分组，每小组 4～5 人。 2. 每个成员按要求绘制压缩空气系统运行路径。 3. 小组经过讨论确定任务结果，每小组由中心发言人陈述，经过全体同学讨论，确定正确结果。 4. 检查总结			
任务总结				
实施人员				
任务评价	任务评分标准			
	序号	考核指标	分值	备注	得分
	1	完成情况	20	在规定时间按时完成上交	
	2	完成质量	50	内容准确、全面、充实	
	3	小组活动参与度	30	高度完成小组角色，与其他成员合作完成任务	
	指导教师： 日期： 年 月 日			

● 【课后练习】

1. 简述空气冷却器的用途。

2. 在图 2-4-10 中,"3"是什么附件?它的作用是什么?

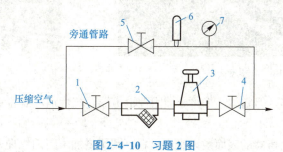

图 2-4-10 习题 2 图

任务五　调试船舶排气管系

【任务描述】

排气系统的功用是将主、辅机的废气排到大气。此外,还可降低排气噪声。对于装运和拖运易燃、易爆等危险货物的船舶,如油船、工作船等,排气系统还要能够熄灭废气中的火星。对军用舰艇,考虑到隐蔽性也需要减少废气的可见度。

【知识充电站】

排气系统的主要设备及附件如下。

排气管系的布置形式及组成

一、排气管补偿器

在船上每台柴油机都应有单独的排气管及消声器。柴油机安装在减振座上并不能完全解决其防振问题,因此,在柴油机与排气管路之间要安装弹性接头。波纹式补偿器(图 2-5-1)除能补偿受热的线性膨胀外,还能起减少由柴油机传递给排气管的机械振动和隔声的作用。

二、消声器

在柴油机动力装置中,主、辅柴油机往往是最响、最强的噪声源。噪声按其来源不同可分为空气动力噪声和机械噪声两大类。空气动力噪声是由于吸气、排气及燃料在气缸内燃烧、废气以脉冲形式向大气排出等引起气体和空气介质的振动而产生的。为了降低排气噪声,常在排气管路上装设消声器(图 2-5-2)。这是一种能减少声音传播而允许气流通过的装置。

图 2-5-1 波纹式补偿器

图 2-5-2 消声器

消声器的形式很多，但归纳起来可分成阻性消声器、抗性消声器和复合式消声器三大类。

1. 阻性消声器

阻性消声器是在消声器的表面敷设吸声材料，利用增加声阻的原理来吸收噪声能量的消声器。当声波进入消声器时，吸声材料使一部分声能由于摩擦而转化为热能被吸收掉。吸声材料一般是多孔性材料，并且有耐高温性能，如玻璃棉毡、矿渣棉、石棉线绳、细铜屑等。这种阻性消声器的优点是对高频范围消声效果较好；缺点是对低频噪声消声效果较差，在高温、有水蒸气、有油气以及有浸蚀作用的气体中吸声材料的作用寿命较短，且吸声性能也会降低。在柴油机排气系统中单独使用不多，而是与其他材料复合使用。

2. 抗性消声器

抗性消声器是利用声学滤声器原理改变管道系统的声阻，来降低某些频率或频段的噪声。它的种类很多，常用的有以下两种：

（1）膨胀式消声器（图 2-5-3）。膨胀式消声器在声波通道上串联一个或若干个膨胀室，实际上是管和室的组合。利用管道截面的突变引起声阻变化所产生的反射和干涉作用，使沿通道传播的某些频率和频段的噪声得到降低。

膨胀式消声器有多个膨胀室，可以显著提高消声器的效果，现在一般多采用三个以下膨胀室，超过三个时，效果不显著。各膨胀室的长度不同，内接管长度不同，目的在于起到不同的消声效果。有时在内接管上钻些孔，也能提高声阻。

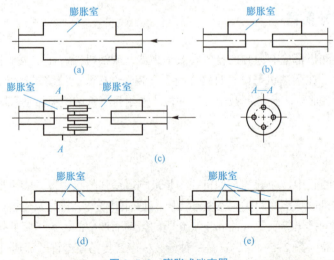
图 2-5-3 膨胀式消声器

（2）共振式消声器（图2-5-4）。共振式消声器是在声波通道上并联一个或若干个共振腔室，利用共振来损耗声能的一种抗性消声器。它的原理是在小孔颈中的气体在声波的作用下产生往返运动，由于小孔颈壁的摩擦阻尼，使一部分声能转变为热能消耗掉。充满气体的空腔具有阻碍来自小孔压力变化的特性。当外来声波的频率与共振系统的固有振动频率相同时就发生共振，此时的振幅最大，空气往返于孔颈中的速度最大，摩擦阻尼也大，吸收的声能也就最多。共振式消声器的结构简单、尺寸小，适用柴油发电机和转速变化小的柴油机排气管系上。

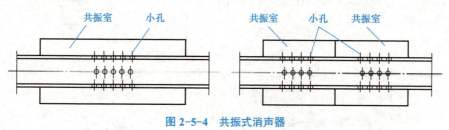

图 2-5-4 共振式消声器

3. 复合式消声器

复合式消声器是由阻性和抗性消声结构复合而成的消声器，或由各种消声结构形式组合而成的消声器。为了在一个宽广的频率范围都得到良好的消声效果，把对中、低频有效的抗性消声器和对高频有效的阻性消声器组合起来，构成复合式消声器。

另外，在油船和军用舰艇上，不许废气中带有火星，具有其特别的意义。为了消灭废气中的火星一般采用火星熄灭器，它有干式和湿式两种，通常和消声器做在一起。

【任务实施】

机舱中的排气管必须包扎绝热层，其厚度要保证其表面温度不超过 60 ℃。几台发动机的排气管不能相互连接起来，在无法避免时，各排气管之间必须装隔离设备。表 2-5-1 所示为几种常见的排气系统布置形式。

表 2-5-1 几种常见的排气系统布置形式

类型	要点	图片
无废气锅炉的中小型船舶排气系统	柴油机的废气直接由排气管经消声器排出，管路的热膨胀由管子的弯曲部位自由伸缩来补偿。这种形式的排气系统用于没有废气锅炉的中小型船舶柴油机上（图2-5-5）。在有些小型船舶上，为了简单，不安装消声器，但这会引起较大的排气噪声	图 2-5-5 无废气锅炉的中上型船舶排气系统

续表

类型	要点	图片
带热膨胀补偿器的排气系统	其上安装有消声器。这种系统（图2-5-6）不但在设有废气锅炉的船舶主柴油机上得到应用，而且在各种船舶辅助柴油机上也广泛采用	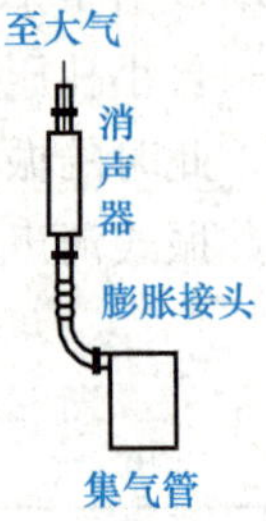 图 2-5-6 带热膨胀补偿器的排气系统
带废气锅炉的排气系统（中型）	废气锅炉能在一定程度上降低排气噪声，故排气管路上不再装设消声器。为了能在清理锅炉或不需要蒸汽时将废气排至大气设置了旁通管路。在旁通管路上有时安装有消声器，由换向阀控制废气的流向（图2-5-7）	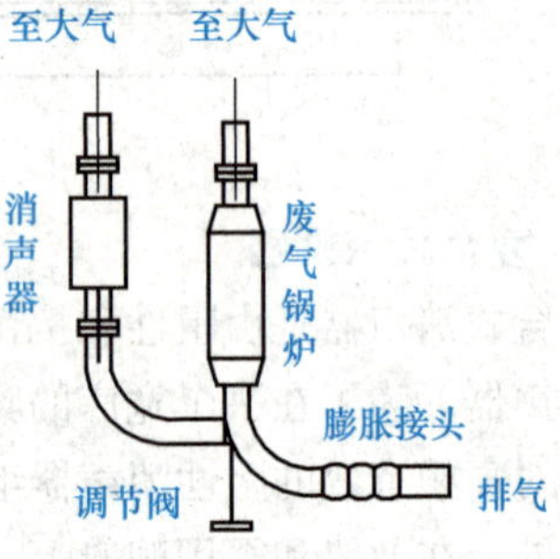 图 2-5-7 带废气锅炉的排气系统（中型）
中型民用船舶排气系统	广泛采用的带有废气锅炉的排气系统。在用废气涡轮增压的柴油机动力装置中，经废气涡轮排出的废气，其压力脉冲已得到缓和，排气噪声得到一定程度的降低，故在旁通管路上没有必要装设消声器（图2-5-8）	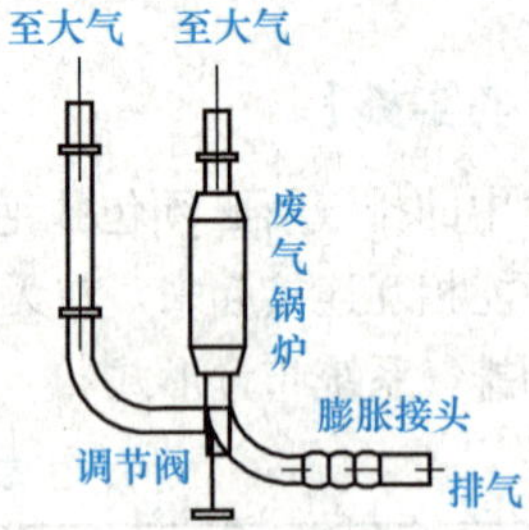 图 2-5-8 中型民用船舶排气系统
废气、燃油混合式锅炉排气系统	当废气产生的蒸汽量不足时，可采用人工控制燃油的喷射量，以满足全船蒸汽的需要（图2-5-9）	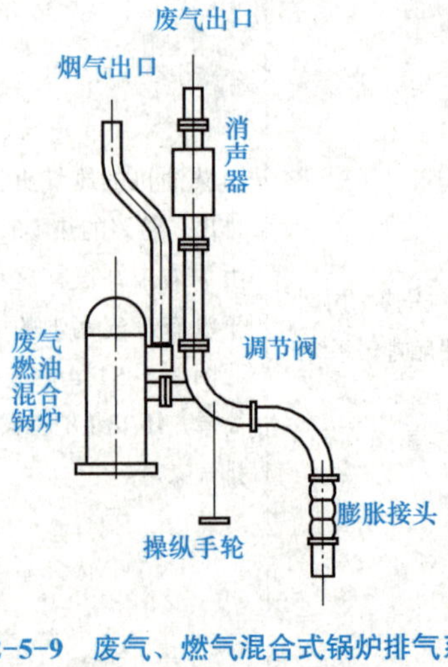 图 2-5-9 废气、燃油混合式锅炉排气系统

【任务评价】

学习任务工单

项目	项目二 调试船舶动力管系	任务	任务五 调试船舶排气管系
任务描述	排气系统的功用是将主、辅机的废气排到大气。此外,还可降低排气噪声。对于装运和拖运易燃、易爆等危险货物的船舶,例如油船、工作船等,排气系统还要能够熄灭废气中的火星。对军用舰艇,考虑到隐蔽性也需要减少废气的可见度		
任务目标	1. 掌握船舶排气系统的用途。 2. 掌握系统的组成。 3. 掌握排气系统布置形式		
任务思考	1. 排气系统的作用及组成是什么? 2. 排气系统常见布置形式有哪些?		
任务实施	1. 学生分组,每小组4～5人。 2. 每个成员按要求设计排气管。 3. 小组经过讨论确定任务结果,每小组由中心发言人陈述,经过全体同学讨论,确定正确结果。 4. 检查总结		
任务总结			
实施人员			

任务评分标准

序号	考核指标	分值	备注	得分
1	完成情况	20	在规定时间按时完成上交	
2	完成质量	50	内容准确、全面、充实	
3	小组活动参与度	30	高度完成小组角色,与其他成员合作完成任务	

指导教师:　　　　日期:　　　年　月　日

●【课后练习】

1. 排气管为什么要包绝热层？

2. 消声器的功能是什么？有哪些类型？

03 项目三 调试船舶辅助管系

【项目描述】

船舶辅助管系是保证船舶的航行性能、安全及满足船上人员日常生活的需要而设置的系统。辅助管系按其任务的不同，主要分为：通风管系、舱底水管系、压载水管系、消防管系、疏排水管系。

【学习目标】

※ 知识目标
1. 掌握系统的作用与组成；
2. 掌握系统的工作原理；
3. 掌握主要设备及附件的结构及原理。

※ 能力目标
1. 能够识读系统原理图；
2. 能够对系统进行操作与调试。

※ 素质目标
1. 通过自主学习，亲历探究知识的过程；
2. 通过小组合作实施任务，培养动手实践能力、团队合作精神；
3. 学会发现问题、思考问题、解决问题的方法，学会学习；
4. 形成创新精神和实践能力。

任务一 调试船舶舱底水管系

【任务描述】

舱底水是船舶在营运过程中，船体里经常积存的液体（主要是水）。它们的来源主要是机械设备及管路泄漏；船体外板、甲板、露台等不紧密的地方渗入；经过通风筒、舱口、舷窗、船底阀件的漏入；拆卸设备的漏液等，这些液体总称为舱底水。用来排除舱底水的系统叫舱底水系统。同时舱底水系统还可迅速及时排除因船体破损的进水。因此，舱底水系统是保证船舶安全航运的系统。

调试船舶
舱底水管系

【知识充电站】

一、舱底水系统原理

某船舶舱底水系统原理如图 3-1-1 所示。

船舶舱底水管系的原理及布置形式

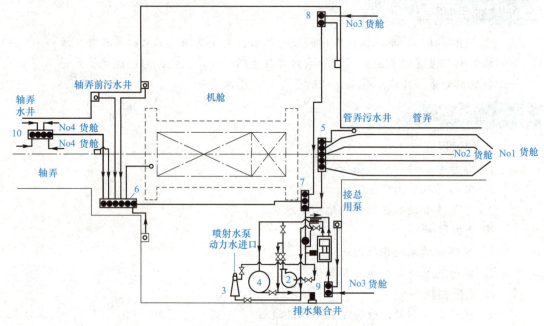

图 3-1-1　某船舶舱底水系统原理

1—电动活塞式舱底水泵；2—离心式舱底水泵；3—喷射式舱底水泵；

4—舱底污水分离器；5、6、7、8、9、10—截止止回阀箱

二、主要设备和附件

1. 舱底水泵

可以用来作为船舶舱底水泵的水力机械设备包括喷射泵、离心泵、活塞泵、轴流式泵。由于离心泵、活塞泵、轴流泵的运转需要有原动机带动，要求这些原动机必须有特殊的结构，适合在淹水情况下工作。喷射泵的动力是高压的液体，不带有原动机。喷射泵的结构中没有运转部件，所以结构简单，这种泵的外形尺寸小，在船舶舱底水系统中作为舱底水泵应用比较广泛。

2. 舱底水油水分离器

舱底水由舱底水泵（图 3-1-2）通过接管并经过若干个喷嘴进入油水分离器（图 3-1-3），由于喷嘴的扩散作用，供入油水分离器内的舱底水迅即散开，其中粗大油粒被分离

图 3-1-2　舱底水泵

上浮进入左集油室，含有细小油粒的污水向下流动，进入由波纹板和平板交替迭置而成的三流程组合式粗分离装置。在粗分离装置中，由于细小油粒不断上浮、磁撞和聚合，最后形成的粗大油粒与水分离，上浮至右集油室，舱底水继续经滤器，通过外接管路先后进入一、二两级粗粒化元件，使尚留存于水中的细微油粒聚合成大的油粒而与水分离，上浮至集油室，处理成符合标准的清水后从排放口排出。

在左、右集油室各装有电极式油位检测器，通过控制箱实现自动排油。粗粒化元件室的集油室因集油量不多，可定期进行手动排油。应该注意，第一、二级粗粒化元件的外形尺寸相同，但第二级填充的粗粒化材料（涤纶纤维或弹性尼龙纤维）数量比第一级多，也就是第二级比第一级更密集，孔隙更小以便分离更细微的油粒，但也更易堵塞，故安装时两者不能互换。

在左、右集油室中还装有蒸汽或电加热器，保证高粒度污油在低温情况下也能顺利排出。

3. 舱底水吸入口

舱底水吸入支管的下部是舱底水吸入口。在支管和吸入口之间安装一只止回阀，吸口的外面就是封闭的滤网。舱底水吸入口总是布置在舱的最低处，由于舱底水带有很多杂质，滤网可起过滤作用。止回阀用来保证舱底水只做单向流动——只出不进。

图 3-1-3　油水分离器

【任务实施】

任务实施见表 3-1-1。

表 3-1-1　任务实施

类型	要点	图片
舱底水系统	船舶在良好的状态下，在船舱、机舱内，特别是机舱内要及时排除舱底水。在港外可排出舷外，在港内，则将舱底水储存在污水储存柜内（图 3-1-4）	图 3-1-4　污水储存柜

续表

类型	要点	图片
舱底水系统	为了减轻这项操作的劳动强度,对它实行自动化控制或遥控操作。即在污水井设置舱底水高位警报器(图3-1-5)及在轴隧道处设立舱底水收集箱及报警装置。当水位达到高位时,系统自动启动舱底泵,将水通过舱底油水分离器排至舷外	 图3-1-5 高位报警器
	气动的浮子信号器(图3-1-6)放在污水井内,气动开关可在气压作用下鼓起其膜片使电触点切换。当污水井水位达到高位时,浮子液位信号器输出信号到气动开关,气动开关通电使信号发出声光以示高位,使气动阀开启,也使气动开关打开,并使控制箱电路接通启动舱底泵,把舱底水排到污水储存柜	 图3-1-6 气动浮子信号器
	当水排完,液位信号器切换,电源切断,声光信号消失,电磁阀关闭,泵停止工作。液位信号器损坏可改为手动(图3-1-7)	 图3-1-7 控制面板

【任务评价】

学习任务工单

项目	项目三　调试船舶辅助管系	任务	任务一　调试船舶舱底水管系
任务描述	舱底水是船舶在营运过程中，船体里经常积存的液体（主要是水）。它们的来源主要是机械设备及管路泄漏；船体外板、甲板、露台等不紧密的地方渗入；经过通风筒、舱口、舷窗、船底阀件的漏入；拆卸设备的漏液等，这些液体总称为舱底水。用来排除舱底水的系统叫舱底水系统。同时舱底水系统还可迅速及时地排除因船体破损的进水。因此舱底水系统是保证船舶安全航运的系统			
任务目标	1. 掌握系统的作用及组成。 2. 掌握系统工作原理。 3. 能够控制舱底水管系			
任务思考	1. 舱底水系来源是什么？ 2. 舱底水泵的布置原则有哪些？			
任务实施	1. 学生分组，每小组 4～5 人。 2. 每个成员按要求绘制舱底水驳运路径。 3. 小组经过讨论确定任务结果，每小组由中心发言人陈述，经过全体同学讨论，确定正确结果。 4. 检查总结			
任务总结				
实施人员				
任务评价	任务评分标准 	序号	考核指标	分值	备注	得分
---	---	---	---	---
1	完成情况	20	在规定时间按时完成上交	
2	完成质量	50	内容准确、全面、充实	
3	小组活动参与度	30	高度完成小组角色，与其他成员合作完成任务	| 指导教师：　　　　日期：　　　年　　月　　日			

● 【课后练习】

1. 简述舱底水的主要来源。

2. 简述舱底水系统是如何实现自动控制的。

任务二　调试船舶压载水管系

【任务描述】

船舶满载航行时，由于燃料、淡水、食物等不断消耗，使船舶吃水深度逐渐减小，导致船体的受风面积增大，螺旋桨浸水深度减小，这种情况在空载航行时尤为明显。此外，货物在各舱配载不均匀也会引起船舶的纵倾和横倾。这些情况会导致螺旋桨效率降低，主机功率消耗增加，船舶稳性和操纵性变差。压载系统是用来调整船舶吃水、稳性、横倾、纵倾的。压载水系统通过改变各压载水舱中的压载水量来完成任务。根据船舶具体情况，压载系统可以将舷外水（压载水）泵入或排出任何一个压载舱，也可以将各压载舱内的压载水进行前后、左右的调驳。

调试船舶
压载水管系

【知识充电站】

压载水舱可设置在双层底舱、深舱、首尖舱和边水舱等。双层底舱、深舱主要用来改变船舶的吃水，首尾尖舱主要用来调整船舶纵倾，边水舱主要调整船舶的横倾。

在某些特种用途的工作船上，压载水还有其特殊的作用，火车渡轮的压载水起着装卸车厢时的平衡作用；打桩船上的压载水起着保证打桩方向正确的作用；破冰船上的压载水起着压碎冰层的作用；潜水艇上的压载水起着使艇沉浮各种状态的作用。

一、压载水系统原理

压载水系统原理如图 3-2-1 所示。

压载水管系的
原理与调试

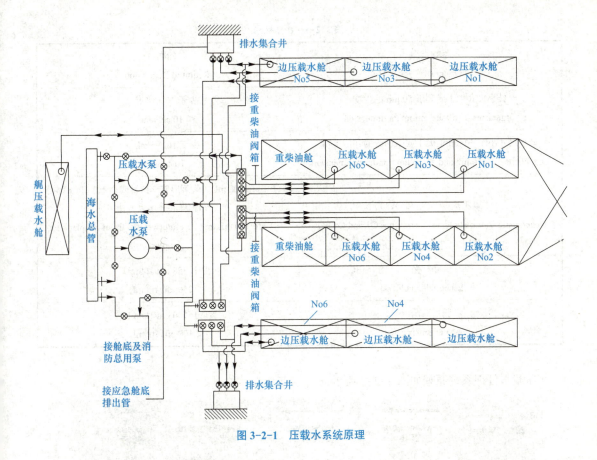

图 3-2-1 压载水系统原理

二、压载水处理系统

船舶在加装压载水的同时，海水中的生物也随之被加装入压载舱，直至航程结束后排放到目的地海域。压载水跟随船舶从一地到他地，从而引起了有害水生物和病原体的传播。压载水的无控制排放可能会对海洋生态系统、社会经济和公众健康造成危害。全球环保基金组织（GEF）已经把船舶压载水引起的外来物种入侵问题列为海洋四大危害之一。

为了更有效地控制船舶压载水传播有害水生物和病原体，国际海事组织（IMO）于 2004 年通过了《国际船舶压载水和沉积物控制和管理公约》（简称《公约》）。《公约》自 2009 年开始，规定所有新建船舶必须安装压载水处理装置（图 3-2-2），并对现有船舶追溯实施。《公约》对压载水的处理标准，即处理水中可存活生物的种类及数量（表 3-2-1）做了明确规定（D-2 标准）。

图 3-2-2 压载水处理设备图

表 3-2-1 D-2 标准

生物类型 Organism Type	标准 Required Regulation
最小尺寸大于或等于 50 μm 的生物 Organisms ≥ 50 μm minimam dimeasion	少于 10 个 /m³ < 10 cells/m³
最小尺寸小于 50 μm 但大于或 10 μm 的存活生物 Organisms，< 50 μm and ≥ 10 μm minimun dimension	少于 10 个 /mL < 10 cells/mL
有毒霍乱菌（O1 和 O139） Toxicogenic Vibrio cholerae （serotypes O1 and O139）	少于 1 cfu/100 mL（菌落形成单位）或小于 1 cfu/g 浮游动物样品（湿重） < 1 cfu/100 mL,or < 1 cfu/g(wet weight)of zooplankton samples
大肠杆菌 Escherichia coli	少于 250 cfu/100mL < 250 cfu/100mL
肠道球菌 Inteestinal Enterococci	少于 100 cfu/100mL < 100 cfu/100mL

压载水处理系统原理如图 3-2-3 所示。

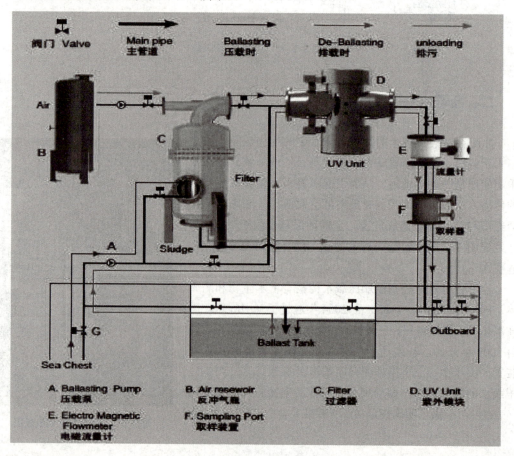

图 3-2-3 压载水处理系统原理

【任务实施】

任务实施见表 3-2-2。

表 3-2-2　任务实施

步骤	要点	图片
注入	艏、艉压载水舱，No1～No.6 双层底压载水舱，No.1～No.6 上部边压载水舱，两只双层底重柴油舱也可兼作压载水舱。为了能快速调驳压载水，在机舱内设置了两台大排量的压载水泵（图 3-2-4），注入压载水泵自海水总管吸水，经相应的四联阀箱注入各双层底压载水舱或经相应的三联阀箱注入各上部边压载水舱进行压载。利用海水的自流，也可将压载水注入至各双层底压载舱	 图 3-2-4　压载水泵
排水	双层底各压载水舱的压载水，可由压载水泵经相应四联阀箱（图 3-2-5）吸水后即排至两口排水集合井排出舷外。上部边压载水舱的压载水可通过自流排出	 图 3-2-5　阀箱
调驳	双层底左右压载水舱之间的压载水可通过相应的四联阀箱由压载水泵进行调驳。在必要时，双层底重柴油舱可兼作压载水舱。所以在两个四联阀箱的接管上有两根是与燃油管系重柴油阀箱相接的，平时则用截止阀或盲板隔断。当压载水泵损坏时，也可由舱底消防总用泵代替工作。两台压载水泵可以只用一台，另一台备用；或者两台同时使用，以加速压载（图 3-2-6）	 图 3-2-6　压载水管系

【任务评价】

学习任务工单

项目	项目三 调试船舶辅助管系		任务	任务二 调试船舶压载水管系
任务描述	船舶满载航行时，由于燃料、淡水、食物等不断消耗，使船舶吃水深度逐渐减小，导致船体的受风面积增大，螺旋桨浸水深度减小，这种情况在空载航行时尤为明显。此外，货物在各舱配载不均匀也会引起船舶的纵倾和横倾。这些情况会导致螺旋桨效率降低，主机马力消耗增加，船舶稳性和操纵性变差。压载系统是用来调整船舶吃水、稳性、横倾、纵倾的。压载水系统通过改变各压载水舱中的压载水量来完成任务。根据船舶具体情况，压载系统可以将舷外水（压载水）泵入或排出任何一个压载舱，也可以将各压载舱内的压载水进行前后、左右的调驳			
任务目标	1. 掌握系统的作用及组成。 2. 掌握系统工作原理。 3. 能够控制压载水管系			
任务思考	1. 压载水系统的作用是什么？ 2. 压载水系统有哪些特殊用途？			
任务实施	1. 学生分组，每小组4～5人。 2. 每个成员按要求绘制压载水驳运路径。 3. 小组经过讨论确定任务结果，每小组由中心发言人陈述，经过全体同学讨论，确定正确结果。 4. 检查总结			
任务总结				
实施人员				
任务评价	<table><tr><td colspan="5" align="center">任务评分标准</td></tr><tr><td>序号</td><td>考核指标</td><td>分值</td><td>备注</td><td>得分</td></tr><tr><td>1</td><td>完成情况</td><td>20</td><td>在规定时间按时完成上交</td><td></td></tr><tr><td>2</td><td>完成质量</td><td>50</td><td>内容准确、全面、充实</td><td></td></tr><tr><td>3</td><td>小组活动参与度</td><td>30</td><td>高度完成小组角色，与其他成员合作完成任务</td><td></td></tr><tr><td colspan="5">指导教师：　　　　　日期：　　年　月　日</td></tr></table>			

● 【课后练习】

1. 常用的压载水泵有哪些?

2. 压载水舱一般设置在哪些位置?

任务三 调试船舶消防管系

【任务描述】

消防系统的用途是扑灭船上发生的火灾。船上发生火灾是十分危险的,它会给全船的生命财产带来巨大的损失。因此,一旦发现火情,就必须及时扑灭。

船舶消防系统的设置是根据船舶的用途和动力装置的种类决定的,一般常采用两种以上的消防方式。蒸汽机船舶通常装置水灭火系统和蒸汽灭火系统;内燃机船舶通常装置水灭火系统和二氧化碳或卤化物灭火系统。对一些小范围的油类等火警,常使用手提式二氧化碳泡沫灭火器。

【知识充电站】

常见船舶消防管系

一、常见的灭火系统

1. 水灭火系统

水灭火的原理是降低燃烧的三个要素之一的燃烧温度。水与燃烧物接触时,蒸发成蒸汽,从而吸收大量的热量,使燃烧物温度降低以致熄灭。压力大的水柱不仅能冷却燃烧物的外部,而且能穿透它,使之不会发生再燃烧的现象。

水灭火系统(图 3-3-1)用来扑灭机舱、干货舱、居住舱室和公共舱室内的火灾;扑灭甲板、平台、上层建筑等露天部分的火灾和扑灭其他船和码头建筑物的火灾。但水灭火系统不能扑灭油类的燃烧,因为油比水轻,油会在水的自由液面上蔓延,随着水的流动使火势扩大。正在工作的电器设备舱室的灭火,也不宜用水,因为水能导电,可能导致短路。水灭火系统也可以用于冲洗甲板、舱室和洒水降温。

水灭火系统管系较简单,所以基本上每条船都装置了水灭火系统。

2. 二氧化碳灭火系统

二氧化碳灭火的原理是在封闭的舱室内,比空气密度大的二氧化碳气体包围着燃烧物,使其周围形成不能维持燃烧的气层,燃烧物在空气供应不足的情况下,自行熄灭。

二氧化碳灭火系统(图 3-3-2)主要用于干货舱、燃油柜、货油舱、柴油机的扫气箱和消声器等处的灭火。

二氧化碳灭火系统的主要优点是不仅能扑灭一般火灾，而且能扑灭油类和电器设备的火灾；同时对设备无损害。但是二氧化碳对人有致命的危险（若舱室中含有6%～8%二氧化碳气体的成分，人在内停留30 min以上就有中毒的可能），因此在使用时要特别小心。

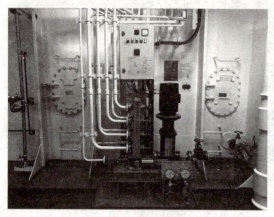
图 3-3-1　水灭火系统

图 3-3-2　二氧化碳灭火系统

3. 泡沫灭火系统

泡沫灭火的原理就是在燃烧物上覆盖一层一定厚度的二氧化碳泡沫，使燃烧物与空气中的氧隔离而扑灭火灾。

泡沫灭火系统（图 3-3-3）按取得的方法和它的成分，可分为化学的和空气—机械的两种。

化学的泡沫是酸和碱反应的产物：$2HCl+Na_2O_3 \rightarrow 2NaCl+H_2O+CO_2 \uparrow$，在此种泡沫的空泡中藏有二氧化碳气体。

化学的泡沫灭火系统是在泡沫灭火站内，利用高压水经过泡沫发生器或泡沫容器，将酸和碱（均用粉末）反应后的泡沫通过管路送到发生火灾的舱室去灭火。

空气—机械的泡沫灭火系统，不需要专门的泡沫灭火站和泡沫发生器，泡沫就在管路末端的空气—泡沫喷头中产生，管路所输送的是水与泡沫形成的混合物。用空气—机械式形成的泡沫，耐久性比化学泡沫差，用它做覆盖物的泡沫层要厚一些，通常比化学泡沫厚一倍左右。

泡沫灭火系统主要用于扑灭运油船、驳油船和干货船的油类火灾。

4. 卤化物灭火系统

卤化物灭火系统（图 3-3-4）是一种对可燃气体和电气火灾非常有效的灭火装置。这种灭火剂的分子中，含有一个和多个卤族元素的原子，如氟、氯、溴和碘等。在化合物中，由于卤族元素存在，增加了化合物惰性、稳定性、不燃性，所以成为有效的灭火剂。如甲烷（CH_4）或乙烷（C_2H_6）等碳氢化合物中的氢原子，若被卤族元素原子取代后而生成化合物，它的物理化学性质就发生了显著的变化，例如甲烷和乙烷都是易燃气体，而四氟化碳（CF_4）是一种惰性、不燃和低毒的气体；四氯化碳（CCl_4）是一种不可燃、易挥发的液体，具有很大的毒性。到目前为止，只有四种氟化物可用作灭火剂，它们是三氟一溴甲烷（$CBrF_3$）代号"1301"；二氟二溴甲烷（CBr_2F_2），代号"1202"；二氟一氯一溴甲烷（$CBrClF_2$），代号"1211"；四氟二溴乙烷（$C_2Br_2F_4$），代号"2402"。

船舶灭火用的卤化物灭火剂可以采用二氟一溴一氯甲烷"1211"或三氟一溴甲烷"1301"。

图 3-3-3 泡沫灭火系统

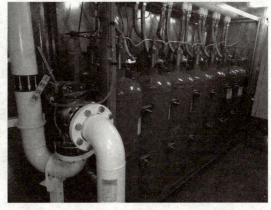
图 3-3-4 七氟丙烷固定灭火系统

接下来以二氧化碳灭火系统为例，说明船舶消防管系原理。

二、二氧化碳灭火系统原理

二氧化碳灭火系统原理如图 3-3-5 所示。

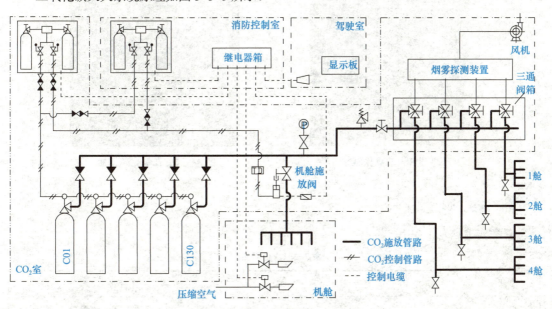

图 3-3-5 二氧化碳灭火系统示意图

三、主要设备及附件

1. 二氧化碳站

二氧化碳站（图 3-3-6）应设在上层建筑或开敞甲板上的单独的舱室内。站室内应保持干燥和良好的通风，室内温度应不超过 45 ℃，应有日夜照明设备和可靠的与驾驶室联系的电话或传话筒。站室的门应向外开，门上应标有名称的铭牌和观察舱，门要锁闭。站室内一般应备有准确的衡量设备，随时可检查二氧化碳的容量。

2. 二氧化碳钢瓶

二氧化碳钢瓶（图3-3-7）应为无缝钢瓶，其水压试验压力为24.5 MPa。瓶的容量一般为40 L、60 L，瓶的充填率不大于0.67 kg/L。每只钢瓶表面应标明容积、净质量、工作压力、试验压力、出厂日期、工厂号码以及检验钢印。瓶身外表涂红色并有黄色"二氧化碳"字样，印处涂白色。

二氧化碳钢瓶主要由瓶体和瓶头阀组成。瓶头阀由充气口、推杆、切膜刀、膜片、吸管和安全膜片组成。二氧化碳由充气口直接充入钢瓶。推杆前端装有斜切口的切膜刀，通过操纵拉杆装置推动推杆，使切膜刀螺旋前进而切破膜片，瓶内的二氧化碳则通过吸管进入二氧化碳灭火系统的集合中。吸管是一根直径为 $10 \sim 12$ mm 的钢管或铜管，尾部有斜切口，其截面面积比出口通道面积稍大些，以防止二氧化碳施放时有可能产生蒸发的情况。吸管应伸至距容器底 $5 \sim 8$ mm 处，以保证二氧化碳充分施放，二氧化碳储存期间，为了安全起见则由保险膜片塞闭。保险膜片在瓶内压力达到 (19 ± 1) MPa 时自行破裂而泄出舷外。

调试船舶二氧化碳灭火系统

图 3-3-6 二氧化碳站

图 3-3-7 二氧化碳钢瓶

【任务实施】

任务实施见表3-3-1。

表 3-3-1 任务实施

步骤	要点	图片
二氧化碳灭火系统	本系统在 CO_2 室和消防控制站内各设置一只主控制箱（图3-3-8），用于机舱失火时遥控操作，每只主控制箱均设有驱动气瓶、声光报警装置和两路控制阀，其中一路控制阀用于将 CO_2 从气瓶中施放，另一路控制阀用于打开 CO_2 施放至机舱的管路上的阀门	图 3-3-8 主控制箱

续表

步骤	要点	图片
二氧化碳灭火系统	当机舱失火时,可以在 CO_2 室或消防控制站内打开主控制箱的门,此时声光报警装置(图3-3-9)立即通过继电器箱使机舱内的声光报警装置发出报警,通知人员撤离。同时机舱风机关闭,必要时应通过设于消防控制室内的控制阀箱将所有燃油箱柜的出油阀关闭。在确认失火区域内所有人员均撤出后,关闭所有的透气口、机舱门和舱盖。然后依次打开主控箱内控制阀和驱动气瓶瓶头阀,确认驱动气体的压力为 2.0 MPa,驱动气体通过控制管路去打开至机舱施放管路上的气动阀和 CO_2 气瓶上的瓶头阀,CO_2 瓶内的气体就经过高压软管和竖形止回阀进入总管,使规定容量的 CO_2 气体喷入指定地点,达到灭火的目的	 图 3-3-9 声光报警装置
	在至气动阀的控制管路上还设有一只时间延迟继电器,其作用是使机舱内的人员有一定的时间撤离;当货舱内失火时,可以首先确认失火的是哪个货舱。控制面板如图3-3-10所示	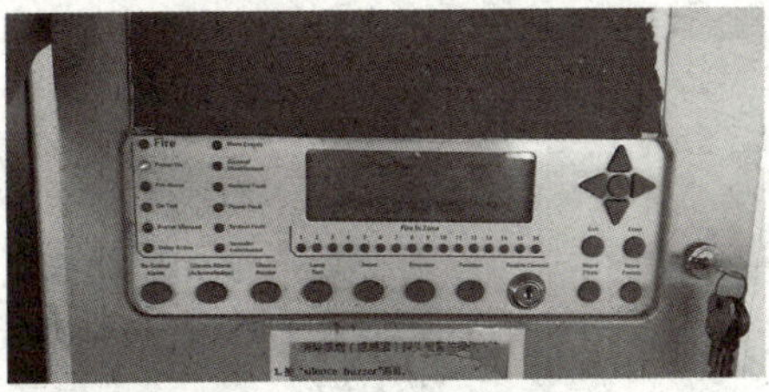 图 3-3-10 控制面板
	本系统设有两台风机和烟雾探测装置(图3-3-11),当风机通过设于货舱内烟雾探头和管路抽出空气时,烟雾探测装置就能测出空气中烟雾的含量。烟雾达到一定含量时,烟雾探测装置会发出报警并显示发生火灾的地点。因此根据烟雾探测装置上的显示就可确定失火舱室。然后在 CO_2 室内先打开相应的施放阀,从手柄上拉出安全插销,手动推动与 CO_2 气瓶相连的气缸上的拉杆,打开 CO_2 气瓶上的瓶头阀,将 CO_2 气体施放到失火舱室。施放的 CO_2 气瓶的数量根据置于 CO_2 室内的指示牌确定	 图 3-3-11 烟雾探测装置

【任务评价】

学习任务工单

项目	项目三 调试船舶辅助管系	任务	任务三 调试船舶消防管系
任务描述	船舶消防系统的设置是根据船舶的用途和动力装置的种类决定的，一般常采用两种以上的消防方式。蒸汽机船舶通常装置水灭火系统和蒸汽灭火系统；内燃机船舶通常装置水灭火系统和二氧化碳或卤化物灭火系统。对一些小范围的油类等火警，常使用手提式二氧化碳泡沫灭火器		
任务目标	1. 掌握消防系统的类型及特点。 2. 掌握系统工作原理。 3. 能够控制消防管系		
任务思考	1. 消防系统分为哪些类型？它们各自有哪些特点？ 2. 水灭火系统有哪几种布置形式？有何特点？		
任务实施	1. 学生分组，每小组4～5人。 2. 每个成员按要求绘制二氧化碳灭火系统的工作路径。 3. 小组经过讨论确定任务结果，每小组由中心发言人陈述，经过全体同学讨论，确定正确结果。 4. 检查总结		
任务总结			
实施人员			

任务评价	任务评分标准					
	序号	考核指标	分值	备注	得分
	1	完成情况	20	在规定时间按时完成上交	
	2	完成质量	50	内容准确、全面、充实	
	3	小组活动参与度	30	高度完成小组角色，与其他成员合作完成任务	
	指导教师： 日期： 年 月 日					

【知识拓展】

一、水灭火系统布置原理

水灭火系统的布置形式是由它的用途以及对船舶生存能力的作用来决定的。

水灭火系统的布置形式按干管布置形式分为直线和环形两种。直线的干管使用在船宽小于19 m的船舶上,而环形干管用于排水量大的船宽大于19 m的船舶上。

图 3-3-12 所示为水灭火系统环形干管布置。

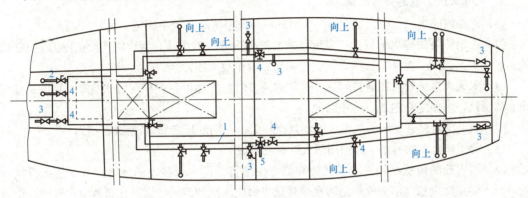

图 3-3-12　水灭火系统环形干管布置

1—环形干管；5—支管；3—救火阀；4—截止阀；5—救火泵接出的总管

环形干管敷设在船舶中央部分的机舱区域,干管上装有若干截止阀,以增加船舶生存能力。而位于首、尾两端的舱室,则由环形干管接出若干直线干管或支管来供水。

干管常敷设在上甲板的上面或下面,但是敷设在上面,很可能使管路遭到碰坏,并妨碍装卸业务和舱面装置工作,以及船员和旅客的通行,且管内的残水在冬天时容易冻结。为了消除上述缺点,可将干管敷设在上甲板或中间甲板的下面或机舱区域内的船舱中。

在客船和大的货船上,为了提高系统的生命力,不仅要采用环形干管,而且个别水密隔舱内装置横向连通管,接通两舷的干管,并在干管上装置若干截止阀,分成几个小的环形管路,甚至在船舶中央纵向引出一直线干管,再分出若干支管。

环形干管的优点能增强系统的生命力。当干管某一段环形干管发生故障时可向其他船上干管借消防水带与本船的消防截止阀或接岸装置相接,供水作为灭火之用。它要求干管上配有足够的截止阀,它的缺点是管子和阀件多,故装置的重量大,安装和维修工作量大。

机舱内设有两台消防泵（总用泵）和一台应急消防泵,它们可分别从海水总管和应急消防泵的通海阀吸水；经消防总管和各支管通往机舱或各层甲板等处。各支管末端均装有消火栓,以便在火灾发生时与消防水管和水枪连接。此外,船上的甲板两舷还各设有一只国际通岸接头,必要时可以扑灭其他船或岸上建筑物的火灾。

1. 设备和附件

（1）消防泵。所有消防泵应为独立的动力泵。卫生泵、压载泵、舱底泵或通用泵如符合消防泵的有关要求,均可作为消防泵。消防泵一般采用离心泵或往复泵。

（2）应急消防泵。船舶均需设置一台固定式或可携式应急动力消防泵。应急消防泵应有自吸能力,有独立的海底阀,阀的操纵机构要尽量靠近应急消防泵。泵应安装在机舱外的安全处所，并尽可能设在轻载水线以下，若高于轻载水线，则泵应能有效地吸水。

（3）消火栓、消防水带、水枪。国际通岸接头消火栓由截止阀、内扣式接头和保护盖组成。截止阀与消防支管连接，内扣式接头可与消防水带连接。开动消防泵后，只要打开消火栓口的截止阀，消防水就可以从与消火栓连接的消防水带中喷出。平时可用保护盖套在内扣式接头上。

消防水带一般用帆布或其他合适的材料制成。其直径有38、50、65（mm）三种规格，长度不大于20 m。消防水带一端用内扣式接头与消火栓连接，另一端与水枪连接。平时水枪装在消防带上，卷好后放在消火栓附近的消防水箱中。

2. 对水灭火系统的安装要求

（1）管路内的水工作压力达到$6 \sim 8$ MPa，具体根据船只大小而定。

（2）在消防泵的排出干管上，靠近泵的附近必须装一截止阀和保险阀（校正压力为1.2倍的工作压力），同时要从干管接出一支管到锅炉舱作救火用。

（3）水灭火系统管路在通过容易被碰坏的地方时，应加以保护；在居住舱室、厕所及潮湿地方的管路，需做绝热包扎，防止腐蚀。

（4）船上消防总管上所有的消火栓均须涂红漆。它们的形式和口径都应一致。

（5）管子接合处的衬垫，必须用耐火的材料做成。

（6）消火栓的位置必须在容易接近和能方便地将消防水带接上的地方，并对船上任何一处，至少能从两个独立消火栓借消防水带管送出两股水流到该处。因此在布置消火栓时，两者间的距离应参照规范和要求。如油船，在货油舱甲板上的消防总管于每隔$30 \sim 40$ m处应设截止阀。

（7）航行于寒冷地区的船舶，为了防止消防管内残留水结冰，应对管路适当包扎保温材料，同时在管路的最低处应装置泄水旋塞来排除积水。

（8）消防水管的管内工质工作压力小于1 MPa时可选用镀锌钢管，大于1 MPa时则用镀锌无缝钢管。

二、卤化烃灭火系统

1. "1211"灭火系统装置

船舶灭火用的卤化物灭火剂允许采用二氟一氯一溴甲烷（"1211"灭火剂）。

"1211"灭火剂的灭火原理主要是和燃烧产生的活性氢基结合，使燃烧连锁反应停止，并有一定的冷却、窒息作用。

"1211"平时以液态储存于钢瓶中，喷出时部分为液雾，部分为气体，且液雾迅速气化，因此喷射范围广，能迅速均匀分布在被保护的舱室内，火灾就能立即扑灭。

"1211"灭火剂具有以下一些性能：

（1）"1211"灭火剂的毒性很小，接近二氧化碳，而远远小于四氯化碳。

（2）"1211"对金属的腐蚀性很小，只有受潮时腐蚀性增强，干燥的"1211"可以储存在不锈钢、黄铜和紫铜器内，能久储不变质。与橡胶长期接触会对橡胶产生膨胀作用，但对氰化橡胶影响较小，对塑料、尼龙无腐蚀作用。

（3）"1211"的绝缘性能好，与四氯化碳相似。

（4）在可燃性气体—空气混合物中添加灭火剂，则燃烧范围缩小，当添加剂的量达到某一程度时，燃烧便不能进行，此浓度称该灭火剂的抑爆峰值。显然抑爆峰值越小，灭火效率越高。几种灭火剂的抑爆峰值见表 3-3-2。

表 3-3-2　灭火剂的抑爆峰值

灭火剂种类	1211	四氯化碳	二氧化碳
抑爆峰值	6.75	11.5	28.5

从表 3-3-2 中可见"1211"灭火剂效率远小于四氯化碳和二氧化碳。

"1211"具有高效低毒、腐蚀性小、储存压力低、储存时间长、绝缘性能良好、使用安全方便、灭火后不留痕迹、对货物和机械设备无损失等优点，因此是一种较为理想的灭火剂。

"1211"灭火系统的设备和管路与二氧化碳灭火系统的设备和管路基本相同。

2. "1211"灭火系统设备和附件

（1）"1211"灭火剂容器。"1211"灭火剂容器应装有充装阀，以便在充装灭火剂时使用。容器的虹吸管内径不应小于输出阀的通路内径，其尾部需要切有斜口，切口应距容器底 5 mm 左右，如果容器容积大于 60 L，应在容器底部装设泄放阀，放出容器内积水等。为了保证容器的安全使用，在容器的预部应装有安全膜片或易熔塞。安全膜片的压力基本可取容器液压试验压力，易熔塞的合金材料熔点为 75 ℃～85 ℃。

由于"1211"容器的瓶头阀等的紧密性较差，可能产生渗漏等现象，或在高温时使容器内的压力增高，安全膜片有爆破的可能，使容器内的灭火剂减少或空置，所以必须装设经常检视容器内灭火剂存量的液面计。如有其他合适的测量设备能正确测定灭火剂量剂，该液面计可不设。

对于用氮气加压的灭火剂容器，应在站室内设有共用压力表一只及必要的接头，用以检查各容器内氮气压力情况。

（2）"1211"灭火站室。"1211"灭火站室设在上层建筑或开敞甲板的单独舱室内。如受条件限制，设在低于甲板的舱室内时，应是具备机械通风的单独舱室，它必须远离机舱、锅炉舱。站室的出口应直接通至开敞的甲板，并且应在舱壁或门上设置观察窗，舱室的门应往外开，站室与相邻的起居舱室应保持气密分隔，站室内应设有与驾驶室保持联系的通信设备。

站室的门钥匙中有一把存放在门口附近玻璃窗的盒子内，急用时可敲碎玻璃取出钥匙。

3. 管路安装技术要求

（1）管路布置及警报设置等其他要求与二氧化碳灭火系统相同。

（2）灭火管路必须定期用压缩空气吹洗，检查管路内是否畅通，喷嘴的喷雾情况是否良好，因此，灭火管路上应接有压缩空气管路，作为清洗时使用。

（3）该灭火管路中的压缩空气管路应漆白色，防止操纵失误。

（4）"1211"灭火管路试验包括灭火管路及压缩空气管路的液压试验，试验压力应符合表 3-3-3 规定。

（5）灭火系统装置在安装完毕后，应选择一个最大的被防护舱室进行喷水效用试验。若有遥控装置，应同时进行试验，检查其灵活性及准确性是否良好。

喷水试验的要求是从喷嘴喷水开始至喷水完毕，时间应不超过 20 s。喷水终了的驱动气体压力一般为 0.7～1.5 MPa。

表 3-3-3　液压试验试验压力

试验项目		试验地点 车间内的液压试验	装船后气密试验
压缩空气管路		2 倍工作压力	
灭火管路	自瓶头阀至被保防舱室的管路	2 倍工作压力	压缩空气的工作压力不小于 0.4 MPa
	被防护舱内的管路	2 倍工作压力	

三、蒸汽灭火系统

蒸汽是一种效果较好的灭火剂，目前在油船货油舱、燃油舱、隔离空舱、货油泵舱、燃油锅炉舱及其下部空间，以及内燃机舱内均装有蒸汽灭火系统。

蒸汽灭火系统用的蒸汽压力一般为 0.5～1.2 MPa 的饱和蒸汽。如果锅炉的产汽压力高于这个数值时，应装置减压阀，将锅炉出来的蒸汽压力降低到灭火系统要求的工作压力。

蒸汽灭火系统的工作原理，就是将饱和蒸汽通入封闭的舱室，此时舱间含氧的比例下降，达到不可燃烧的比例，即含氧量占气体总量的 11% 以下，同时能限制外界空气窜入舱内，形成不能维持燃烧的大气，使火熄灭。

对蒸汽灭火系统装置的安装要求如下：

（1）总管或干管必须由锅炉端的总管接出，但灯间和油漆间可允许从就近的舱面蒸汽辅机干管接出支管，并在易于到达及不致碰撞的地方装置截止阀。

（2）管子约每隔 3 m 处装置固定吊架，但须保证不因管子热膨胀而致损坏。

（3）安装管子时，必须要使管子具有一定的斜度，通常是 1/50，以免积聚凝冰。

（4）从锅炉蒸汽出口端到所要保护的各舱室进口之前的所有管子，都应采用无缝钢管；舱内各独立支管用焊接钢管。

（5）从分配管阀箱接出的独立管路至被保护的舱室内，可分 2～3 根支管，对于容积较小的舱室，仅允许有一根单独支管，支管的喷出端被装置在不致碰损和堵塞的地方。在液体燃烧舱内，喷出端应装置在舱室上部空间；干货舱里，喷出端应装置在距离双层底舱顶板或舱底板 0.8～1 m 的高度位置上；在采用液体燃料锅炉舱内，管子应安装在花钢板下面，其各支管一端封闭，管子壁上钻很多小孔，孔的直径为 6 mm，孔的总面积为该支管面积的 2～3 倍。

● 【课后练习】

1. 常见的消防系统有哪几种？分别应用在哪些场所？

2. 二氧化碳灭火系统中延时继电器的作用是什么？

任务四　调试船舶供水管系

【任务描述】

供水系统是保证船员和旅客的日常生活需要而设置的生活用水系统，根据其用途的不同，可分为饮水系统、洗涤水（清水和热水）系统和舷外水（海水或江水）系统。

【知识充电站】

一、供水系统的组成

1. 饮水系统

饮水系统主要将饮用淡水送到茶桶、厨房、医务室、机炉舱和其他舱室的水柜中。

饮水应该清洁卫生、透明和无异味，一般采用岸上自来水。也有用在蒸馏水中加入少量盐分和充入空气的。

饮水柜（图 3-4-1）可分为备用水柜（淡水舱）和日用水柜。有些小船则将备用水柜和日用水柜合并为一个饮水柜，这种饮水柜中间必须用隔板分隔成两部分，使新注入的饮水和原来的水不会混在一起。饮水柜的内表面要刷一层水泥，在柜的上部设一根通至上甲板的空气管，管口应有防护装置，防止饮水污染。为了避免饮水变质，饮水柜应远离热源、油源，不与其他用途的水舱、水柜接触。

图 3-4-1　饮水柜

2. 洗涤水系统

洗涤水系统的主要作用是将淡水（海船）或江河水送到洗澡间、洗衣室和其他用水处。

洗涤水应该是淡水且透明、无异味、无传染病细菌。同时还应有不大的盐度与硬度，易使肥皂溶化。

洗涤水系统包括两个系统：即冷水系统和热水系统。洗涤水的消耗量很大，每人每昼夜以 20～40 L 计算，其中冷水 12～24 L，热水 8～16 L，冷水一般储存在双层底舱或舷侧舱内，热水则由专门的热水柜（图 3-4-2）供应。洗涤水的储存量是按航行时间决定的，在航行中也可以制造洗涤水。

图 3-4-2　热水柜

客船上洗涤水系统一般为单独系统，货船上有时管子同舷外水系统连接起来，在该管路上装置截止阀，必要时这两个系统可以互用。

3. 舷外水系统

舷外水系统是利用舷外水冲洗便器和作为制淡装置、净水装置的取水管路。此外，也用来作为冲洗甲板舱室或冷却机械。

舷外水系统一般可与消防水管相连接，将消防水管打出的水引至各用水处。但这时必须在消防水引出的分干管上装置截止阀和减压阀，将高压的消防水减压。也可以在船上专设一只舷外水压力水柜，供全船使用。

二、供水系统的两种供水方式

供水系统主要有重力式和压力式两种供水方式。小型船舶的饮水系统和洗涤水往往合并为一个系统，采用重力式供水方式，舷外水系统则以消防水管中分出一路而成。大型船舶或客船的三个系统互相独立，主要以压力式供水为主。

1. 重力式供水

重力式供水（图3-4-3）是最简单的一种供水方式。离心泵将清水舱的淡水打入重力水柜内，重力水柜设置在一切用水处的最高点。重力水柜中的淡水就通过截止阀流入供水总管，然后通过支管而流至各用水处。

为了防止管内的压力超过允许值，应在泵的排出管路上装置安全阀。如果排出压力超过开启压力，安全阀就将部分水旁通至进水管路。截止止回阀可阻止重力水柜内的水倒回进离心泵。

2. 压力式供水

在大多数船舶上都采用压力式供水（图3-4-4）。在压力式供水中，专门设置了一只压力水柜，当离心泵将淡水舱中的水打入压力水柜时，压力水柜上部的空气就逐渐被压缩而产生压力能，压力水柜中的水就利用这个压力能被压至各用水处。

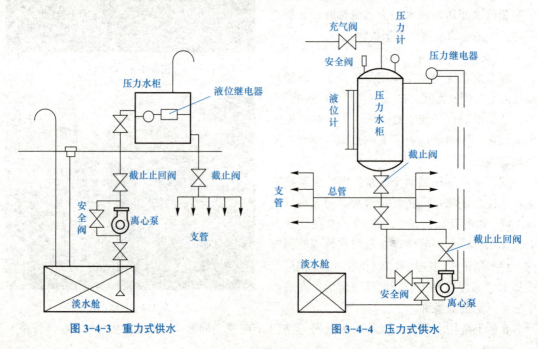

图 3-4-3 重力式供水　　图 3-4-4 压力式供水

压力水柜是只密闭的容器，其上部是压缩空气的进口，即充气阀，下部是水泵的进口（也是压力水柜的出口）。

为了减少压力水柜的无效容积和部分空气的消耗，在压力水柜的上部还装有压缩空气充气阀。压力水柜中的压力可由压力计来测量。在压力水柜上还需装置安全阀，其校正压力为1.2倍的工作压力（指上限压力）。

压力水柜第一次使用时，先充水至压力水柜最高无效液面（可通过水位表观察），然后停止充水而充入压缩空气使之达到下限压力，再继续充水至最高工作压力为止。

三、供水系统原理

供水系统原理如图 3-4-5 所示。

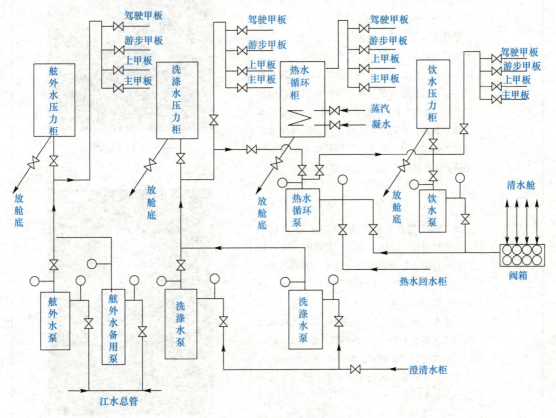

图 3-4-5　供水系统原理

船舶供水管系
工作原理

【任务实施】

任务实施见表 3-4-1。

表 3-4-1 任务实施

类型	要点	图片
饮水系统	该船的饮水、洗涤水和舷外水全部采用压力式供水。全船共设置四个清（淡）水舱，这四个舱的淡水总容量可供全船人员的饮用需要。 饮水泵（图 3-4-6）通过阀箱可将四个清水舱中的任何一舱的饮水打入饮水压力柜，饮水压力柜的容量较小，只有 0.6 m³，但是压力较高。通过压力水柜可将清水送至各个饮水处。压力水柜出来的水都是生冷水，旅客和船员的饮用开水都是要通过茶桶供应。压力水柜将清水压到茶桶里，茶桶里设有蒸汽盘管，蒸汽在管内流动方向必须是下进上出，而桶内的被加热的饮水是在桶底部放出，这样可以提高传热效果，保证流出茶桶的饮水都是开水。 如果饮水泵不能正常工作，热水循环泵也可以作为饮水泵的备用泵，它同样可以从清水舱中抽出清水后打入压力水柜供全船饮用	 图 3-4-6 饮水泵
洗涤水	由于船上拥有大量船员和旅客，所以洗涤水的消耗量很大。船上专设一套重力式净水装置。经过净水处理后的江河水流入船的中后、中前、左澄清水舱进行水的沉淀，最后流入右澄清水舱储存备用。 洗涤水泵将右澄清水舱中的澄清水打入洗涤水压力柜（图 3-4-7），压力柜的容量是 1.5 m³，压力柜内洗涤水通过闸门阀和截止止回阀将洗涤水分别送到各用水处和热水柜。船上还有一台洗涤水备用泵	 图 3-4-7 淡水压力柜
舷外水	该船还装置了一只舷外压力柜，主要用来冲洗所用的大、小便器和厕所、浴室（图 3-4-8），并冷却一些机械设备（舱机、空冷器）。由一台副江水泵（舷外水泵）直接从江水总管中吸水，经截止止回阀将舷外水打入压力水柜。舷外水压力柜的容量为 1.5 m³。舷外水管路也有一台备用泵	 图 3-4-8 浴室

●【任务评价】

学习任务工单

项目	项目三 调试船舶辅助管系	任务	任务四 调试船舶供水管系
任务描述	供水系统是保证船员和旅客的日常生活需要而设置的生活用水系统，根据其用途的不同，可分为饮水系统、洗涤水（清水和热水）系统和舷外水（海水或江水）系统		
任务目标	1. 掌握系统的作用及组成。 2. 掌握供水系统两种方式。 3. 能够控制供水管系		
任务思考	1. 供水系统由哪些系统组成？ 2. 供水系统有哪几种方式？		
任务实施	1. 学生分组，每小组 4～5 人。 2. 每个成员按要求绘制供水系统的运行路径。 3. 小组经过讨论确定任务结果，每小组由中心发言人陈述，经过全体同学讨论，确定正确结果。 4. 检查总结		
任务总结			
实施人员			
任务评价	任务评分标准		

任务评分标准

序号	考核指标	分值	备注	得分
1	完成情况	20	在规定时间按时完成上交	
2	完成质量	50	内容准确、全面、充实	
3	小组活动参与度	30	高度完成小组角色，与其他成员合作完成任务	

指导教师： 　　　日期： 　　年　　月　　日

【课后练习】

1. 重力水柜是如何实现自动控制的？

2. 简述洗涤水系统的工作过程。

任务五　调试船舶疏排水管系

【任务描述】

疏排水系统用来排除便器、洗脸盆、浴室、厨房以及甲板、平台等处的污水。它包括粪便水管路、疏水管路和甲板落水管路。

【知识充电站】

调试船舶疏排水及生活污水管系

一、粪便水管路

粪便水管路的用途是将大、小便器内的粪便水排至舷外或粪水柜。有如下三种方式：

（1）如果大、小便器位于重载水线以上，则粪便水管路应做成具有一定斜度（1/20）的自流式，将粪便直接冲出舷外。粪便水的出口处必须远离舷梯、救生艇升降区及其他系统的进水口的地方，否则排出的粪便会污染舷梯、救生艇或重新吸入船内系统。出口处必须装置起止回作用的蝶阀，防止舷外水经此管倒流进来。

（2）如果大、小便器位于重载水线以下，则管路应做成压力式，利用压缩空气将粪便水排出舷外。

（3）如果船舶航行的区域内制定有严格的卫生制度，粪便水不能随意排出舷外，则要设置一只粪便水柜。全船的粪便水先引至粪便水柜，待船出海或进港后，分别排至大海或粪便车。粪便水柜应装有水位指示器和引至上甲板的空气管。粪便水柜可从消防水或舷外水总管上接出支管来冲洗，也可以引一路蒸汽支管，利用蒸汽冲洗。

二、疏水管路

疏水管路（图 3-5-1）用来排泄浴室、洗涤、厨房、医务室和其他洗涤器皿用过后的污水，它的组成基本上同粪便水管路。由于这种污水较粪便水杂质少，因此管径较小。

图 3-5-1 疏水管路

三、甲板落水管路

甲板落水管路（图 3-5-2）主要用来排泄雨水、冲洗舱室和甲板的水以及其他原因落到甲板和平台上的水。

高于载重水线的甲板和平台上的水直接排出舷外，低于载重水线的甲板和平台上的水则泄入舭水沟或污水井。

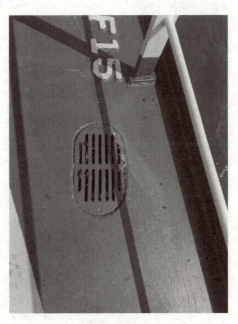

图 3-5-2 甲板落水口

四、压力式粪便水排出简图

压力式粪便水排出如图 3-5-3 所示。

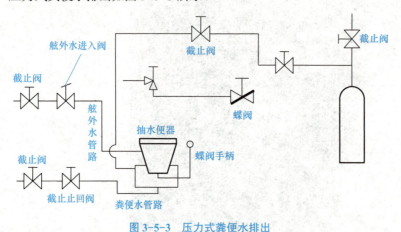

图 3-5-3 压力式粪便水排出

船舶疏排水管系工作原理

【任务实施】

当压缩空气进入阀打开时，抽水便器下腔的粪便被压缩空气沿粪便水管路，经截止止回阀、截止阀冲到舷外。抽水便器本身的冲洗过程：打开舷外水进入阀时，舷外水沿舷外水管路进入抽水便器，再扳动蝶阀手柄打开蝶阀，将粪便水冲到抽水便器的下腔内储存，隔一定时间后，再用压缩空气冲到舷外。抽水便器冲洗后，在它的下部，即蝶阀的下面存在少许压力，所以在使用前，必须打开截止阀，将空气放到隔舱内。截止阀经常开启，仅在船舶发生海损或修理时才关闭。压缩空气来自船上压缩空气系统。

●【任务评价】

学习任务工单

项目	项目三 调试船舶辅助管系		任务	任务五 调试船舶疏排水管系
任务描述	疏排水系统用来排除便器、洗脸盆、浴室、厨房以及甲板、平台等处的污水。它包括粪便水管路、疏水管路和甲板落水管路			
任务目标	1. 掌握系统的作用及组成。 2. 掌握粪便水排出系统工作原理。 3. 掌握系统布置原则			
任务思考	1. 疏排水系统的作用是什么？ 2. 疏排水系统由哪几个系统组成？ 3 疏排水系统的布置原则是什么？			
任务实施	1. 学生分组，每小组4～5人。 2. 每个成员按要求设计疏排水系统。 3. 小组经过讨论确定任务结果，每小组由中心发言人陈述，经过全体同学讨论，确定正确结果。 4. 检查总结			
任务总结				
实施人员				
任务评价	任务评分标准			

序号	考核指标	分值	备注	得分
1	完成情况	20	在规定时间按时完成上交	
2	完成质量	50	内容准确、全面、充实	
3	小组活动参与度	30	高度完成小组角色，与其他成员合作完成任务	

指导教师：　　　　　　　日期：　　年　月　日

● 【课后练习】

1. 甲板落水管路是如何排出污水的?

2. 压力式粪便水排出系统的工作条件是什么?

04 项目四　调试油船专用系统

【项目描述】

油船运载的主要货物是液体油类，现有的和正在建造的油船大多是散装货油船。它需要具有装卸液体货油的能力，具有和其他船舶完全不同的货油装卸系统、货油舱扫舱系统、惰性气体系统、洗舱系统、货油舱透气系统、专用压载水系统、蒸发气收集系统、甲板泡沫灭火系统、甲板洒水系统、液位遥测系统、阀门遥控系统等。而且随装载的油种不同，系统会有较大的变化，本项目的目的是介绍普通油船上具有通用性的系统原理，请紧密结合实际案例进行深入学习。

【学习目标】

※ **知识目标**
1. 掌握油船专用系统的作用与组成；
2. 掌握油船专用系统的工作原理；
3. 掌握主要设备及附件的结构及原理。

※ **能力目标**
1. 能够识读系统原理图；
2. 能够对系统进行操作与调试。

※ **素质目标**
1. 通过自主学习，亲历探究知识的过程；
2. 通过小组合作实施任务，培养动手实践能力、团队合作精神；
3. 学会发现问题、思考问题、解决问题的方法，学会学习；
4. 形成创新精神和实践能力。

任务一　调试货油装卸系统及扫舱系统

【任务描述】

油船运载的主要货物是液体油类，它需要具有装卸液体货油的能力，具有和其他船舶完全不同的货油管路。其中就包括货油装卸及扫舱管路。一般油船的装卸管路按布置位置可分为三部分，即货油舱内管系、油泵舱管系及甲板管系等。

【知识充电站】

一、货油舱内管系

舱内管系布置分为线形总管式和环形总管式两类，环形总管式又分为单环式、双环式和多环式。

1. 线形总管式

原则上，每一货油泵设置一根总管。按装油配置要求（计及不同油种的装载分布）从各总管引出支管至相应油舱。

图 4-1-1 所示为某油船的三线总管式舱内管系。图中 NO.1 总管服务于 1、3 货油舱（左、右），图中 NO.2 总管服务于 2、5 货油舱（左、右），图中 NO.3 总管服务于 4、6 货油舱（左、右）及污油水舱（左、右）。

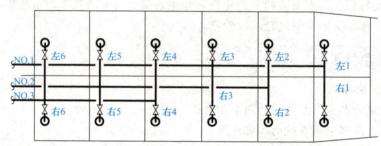

图 4-1-1　三线总管式舱内输油管系

这种线形总管式管系布置简单、操作方便、隔离可靠和混油可能性小。但装载油种的机动性不高，适用运输油种固定、运量固定、航线固定的中小型油船。

2. 环形总管式

为提高机动性，可将两根线形总管相接，配以相应阀门，即成单环式总管。对具有 3 台货油泵的船舶，可形成两个或多个环形总管。图 4-1-2 所示为某船的多环总管式舱内管系。图中 NO.1 总管与 NO.2 总管、NO.1 总管与 NO.3 总管及 NO.2 总管与 NO.3 总管都相互连通，并且 4# 风暴舱和污油水舱都可由两根总管抽吸。这种环形总管式布置机动性好，但为避免混油需设置较多的隔离阀，操作管理较为复杂。

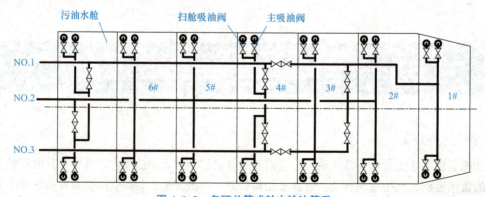

图 4-1-2　多环总管式舱内输油管系

3. 舱内管系设计及安装要求

（1）各总管在第一个油舱内必须设有膨胀接头或弯头，以补偿管子的热膨胀应力。如用膨胀接头则应为伸缩型膨胀接头。

（2）应防止混油现象的发生。对装载两种或两种以上油品的油船，在环形总管的连接处，以及总管与吸口之间均须设置两道阀隔离。

（3）除不足 600 DWT（载重吨）的油船外，货油舱均设有双层底，为此吸油口可布置在油舱的底面以上或设置在凹入的吸油井内。吸油口应布置在船舶卸油状态时的最低点，距舱底应小于 100 mm。

（4）如货油舱设计为直接注油时，注入管应伸入舱内，其开口应使货油沿舱壁流下并尽可能接近舱底，以减少产生静电的可能性。

（5）当考虑通过吸入管装注货油时，则应设有旁通管，绕过货油泵，将吸入管与甲板输出管连通（旁通管上设截止阀）。

二、泵舱管系

油船一般都在机舱前部设置有油泵舱，为货油舱服务的大部分设备均安装在泵舱内。主要有货油泵、专用压载泵、扫舱泵、洗舱加热器等，因而泵舱内的布置一般都十分紧张。但因汽轮机的工作温度高达 204 ℃ 左右，为了降低泵舱的温度和避免电动机产生火花，引起火灾，所以驱动货油泵、压载泵的透平或电动机，均设置在机舱内。在原动机的传动轴通过舱壁处，必须装有密封的填料函装置，用来保持传动轴通过舱壁处的密封性。

图 4-1-3 所示为泵舱内设有三台货油泵、货舱内总管采用环形总管式布置时的管系。

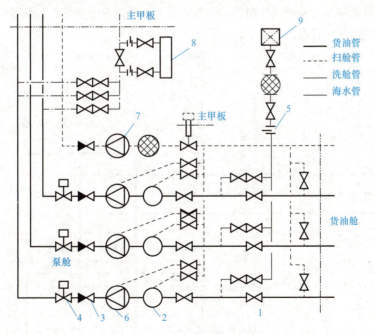

图 4-1-3　泵舱管系

1—防火型蝶阀；2—气体分离器；3—止回阀；4—排量调节阀；
5—双孔法兰；6—货油泵；7—扫舱泵；8—洗舱加热器；9—海水门

泵舱管系的设计应满足下列要求：

（1）各货油泵的吸入管接自舱内管系的各总管。各总管接入泵舱后，必须设置防火型隔离阀。即图4-1-3中的遥控蝶阀1必须为防火型蝶阀。

（2）如果货油舱内的总管采用环形总管，则各货油泵之间不必连通。如果货油舱内的总管采用线形总管式，则各货油泵的吸入管应相互连通，以便任一台泵发生故障时，由其他泵代替工作。对不同油种的吸油总管，该连通阀上应装设双道隔离阀。

（3）各货油泵的吸入端应装有气体分离器（真空装置）2，以去除货油中的空气，防止油泵的损坏。对于原油船，还应装有滤器。但对于成品油轮等装载干净油种的油船可以不设。

（4）如某一货油舱须作为油船的应急风暴压载舱，则货油泵应能经海底阀吸入海水压至该舱（在海水总管和货油总管之间应设2只阀，其中1只阀应能在关闭状态下予以锁住；或在货油泵专用的海水总管上设置双孔法兰，图4-1-3中的件5即为双孔法兰，平时处于常闭状态），并能从该舱抽出污压载水，按防污染要求直接排舷外、排至污油水舱或岸上接收设备。

（5）离心式货油泵的排出端应设排量调节阀4和止回阀3，用于调节货油泵的排量及压力和防止各货油泵出口因连通而发生混油。

（6）每台货油泵均由一根独立排出管引出泵舱与上甲板货油管系接通。

（7）用货油泵进行原油洗舱的原油船，洗舱原油供给管可接在货油泵出口排量调节阀之后，以便调节洗舱油压。

三、甲板管系

货油甲板管系接自货油泵的排出管，由纵向总管、横向总管及装卸油站等组成。图4-1-4所示为典型的油船甲板管系。

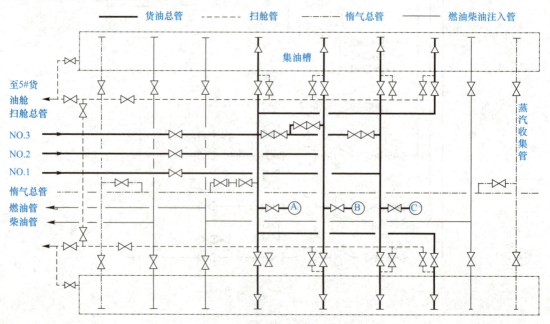

图4-1-4　典型的油船甲板管系

1. 纵向总管

纵向总管自货油泵排出管引出至船中部与横向总管相接。在纵向管路上每隔 15～30 m 应设置一只膨胀接头。各管段的法兰连接处应用导体进行电气连接，并最终接地，防止由摩擦或静电产生火花而发生火灾。

2. 横向总管

横向总管由纵向总管引向两舷的装卸油站。该系统共有三根货油总管（图中的 NO.1、NO.2、NO.3），但为了装卸方便，引至装卸油站后，其中一根总管分成两路在装卸油站的前后各设一只注入/排出接口；每一根横向总管上还设有与货油舱总管连通的支管（图中的 A、B、C 接口），以便货油可直接通过货油舱内的货油总管将货油注入各货油舱；各横向总管之间还相互连通，方便货油的装卸。连通管上应装设双道隔离阀。

3. 装卸油站

装卸油站设于横向总管的两舷，用于货油的装卸、燃油和柴油注入及蒸发气收集系统的接岸。总管末端下方设有集油槽。货油装卸管位于装卸油站的中间，两边为燃油（F.O）和柴油（D.O）的注入管，最外档的是两根蒸发气接岸总管。

对于国际航行的油船，货油装卸站的设计应符合 OCIMF（石油公司国际航运论坛）的要求，如图 4-1-5 所示。主要要求如下。

调试货油装卸系统

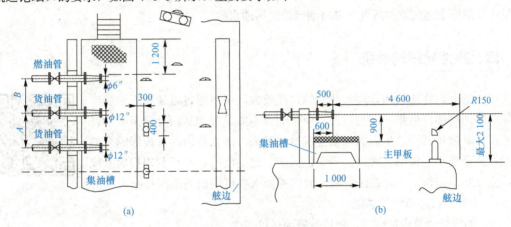

图 4-1-5　装卸油站布置
（a）平面图；（b）横剖面图

（1）装卸油管之间的间距 A 及燃油装注管和货油装注管之间的间距 B 见表 4-1-1。

表 4-1-1　间距 A 及间距 B 的要求

船的吨位/DWT	A	B	注
16 000～25 000	≥1.5 m	1.5 m	对不足 16 000 DWT 的油船，A 应按船的尺寸、装卸要求及油码头的设备具体决定
25 001～60 000	≥2 m	≥2 m	
60 001～160 000	≥2.5 m		
大于 160 000	≥3 m		

(2) 异径接头的配置数量见表 4-1-2。阀、短管及异径接头的法兰应符合 B.S.1560（英国标准）或 ANSI B16.5（美国国家标准学会）的标准。

表 4-1-2　货油装卸站异径接头配置数量

船的吨位 /DWT	固定安装			备用			
	大端	小端	数量	大端	小端 3 数量	小端 3 数量	小端 3 数量
16 000～25 000	按货油总管	12″	8	12″	8″×34	10″×34	12″×34
25 001～60 000		16″		16″			12″×34
60 001～160 000		16″		16″			12″×34
大于 160 000		20″		20″	12″×34	16″×34	

注：1. 表中数量以 4 根货油装卸总管为基础。
　　2. 因系英美标准，故表中尺寸以英制表示管子的公称通径。

(3) 对于集油槽，除其尺寸应符合图 4-1-5 要求外，还应符合下列要求：集油槽的容量，USCG（美国海岸警卫队）要求对于 12″ 以上的装卸油管，每一根油管应具有 636 L 的集油槽容量；集油槽应通过重力或气动泵将油泄放至污油水舱。

四、货油舱扫舱系统

在油船上，货油装卸管路吸油口的口径较大，不可能过近地贴近舱底，因此，卸油时油位低到一定的位置，由于油类不能及时地从四处流至吸油口附近，这时流体就会产生旋涡，使空气通过吸油口进入管内，从而影响泵的排量，甚至吸不上货油。所以，当油位低于一定高度时，必须利用扫舱系统继续完成卸油工作。另外在洗舱时，舱内的积水也可用扫舱系统排出。

调试货油扫舱系统

1. 货油舱扫舱系统的功能

(1) 抽吸货油舱内的残油，使留舱残油尽可能少。
(2) 抽吸货油管内及货油泵等设备内的残油。

2. 扫舱系统的形式

扫舱系统主要有自动扫舱系统和独立式扫舱系统两种。

(1) 自动扫舱系统。自动扫舱系统适用于采用离心泵作为货油泵的大中型油船。主要用于抽吸货油舱内的残油，使留舱残油达到最少。由于这种系统仍利用货油泵进行扫舱，因而一般仍需设置一台小排量扫舱泵，以抽空货油管及货油泵中的残余货油，如图 4-1-3 所示。

自动扫舱系统主要有真空式自动扫舱系统、喷射式自动扫舱系统及再循环自动扫舱系统三种形式，目前应用最多的是真空式自动扫舱系统。

(2) 独立式扫舱系统。独立式扫舱系统仅利用扫舱泵进行，设置独立的扫舱总管，一般适用中小油船。

3. 扫舱管路

(1) 扫舱支管。对大中型油船，因设置自动扫舱系统，且为简化货油管系，一般均不设专用扫舱管路，而以货油吸入管兼作扫舱总管。每个货油舱内装设管径较小的扫舱支管和吸口，接至货油总管，如图 4-1-2 所示。卸油时，当舱内油位下降至接近主吸油口时，关闭主吸油阀并开启扫舱吸油阀，同时用扫舱泵进行扫舱卸油。

（2）独立扫舱管路。扫舱总管和货油总管并行敷设，各货油舱都有扫舱支管和扫舱总管相连，扫舱总管和扫舱泵连接。大中型船舶很少使用。

（3）扫舱吸口。扫舱吸口应低于货油主吸口，并尽可能接近货舱底。如货油舱内设有吸油井，则扫舱吸口应尽量布置在吸油井内。

4. 扫舱泵

扫舱泵一般应采用自吸性能好的蒸汽往复泵或电动螺杆泵。扫舱泵的作用是抽除货油舱内的残油，货油总管内的油，Ⅰ、Ⅱ级污油水舱内的污油，货油泵排出总管内的油，货油设备的泄放油，泵舱舱底水和海水（如兼洗舱）等。扫舱泵将残油或污油排至上甲板货油总管排岸接管处、Ⅰ级污油水舱、经排油监控认定合格后排舷外和兼海水洗舱泵时将海水泵至洗舱加热器。

五、其他

1. 管子支架

管子支架应包有 1～1.5 mm 的铅皮垫片，或设有聚四氟乙烯垫片。防止管子因受热胀冷缩滑动而与支架相互摩擦产生火花引起火灾。

吸油口支管必须设置一个支架，并将支架焊接在船体结构上，然后把支管固紧在支架上。用来避免在装卸油时，由于液体流动的冲击力而引起支管振动，造成吸口与舱底板摩擦而引起火灾。同时也可防止由于吸油造成的真空使吸口与舱底板之间的距离缩小，降低油泵的吸油效率。

2. 货油舱加热管

油船在卸油时，由于油类的黏度较大，所以油的流动性较差。为了提高油船的卸油速度，在卸油时，可以将油类进行加热，减小油的黏度，增大油的流动性，从而缩短卸油的时间，用来对货油进行加热的管路称为货油加热管路。

货油舱加热管一般均采用盘管的形式，可以在车间内场组装成片状单元后到船上安装。为了节约能源，又达到加热的效果，可以在吸油口四周设螺旋形盘管。

每个货油舱的加热管，应各自为一组或分成几组，每组应各自有其独立的进汽管和排汽管，分别接至甲板上加热系统的蒸汽总管和凝水总管（也有用热油作为加热介质的），它们都有独立的控制阀或按舱群分布的分配器和集合器。为了有效地利用蒸汽热量使蒸汽全部凝结成水，每组凝水管都应设有一只阻汽器。阻汽器与盘管之间的管路上一般还应设置一只放水阀，当凝水观察柜中发现凝水中含有油分时，用来判断哪一舱的凝水中含有油分，即哪一舱的管子发生了损坏，也可用来放凝水。

☑【任务实施】

真空式自动扫舱系统原理如图 4-1-6 所示。

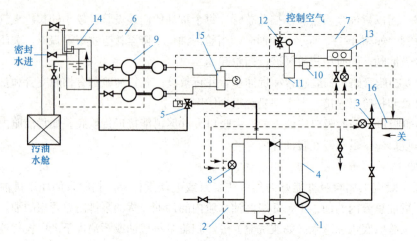

图 4-1-6 真空式自动扫舱系统原理

1—货油泵；2—气液分离柜；3—排量调节阀；4—引水管；5—气体抽出阀；
6—真空装置；7—控制板；8—液位传感器；9—真空泵；10—压力开关；
11—电控箱；12—电磁阀；13—报警灯板；14—水封柜；15—启动器；16—定位器

真空式自动扫舱系统由气液分离柜 2、排量调节阀 3、气体抽出阀 5、真空装置 6（真空泵、真空柜等）和控制板 7 等组成。其工作原理如下：

（1）当货油舱内的货油液位足够高时，本系统不工作，此时气液分离柜 2 中的液位在 70% 以上。

（2）当货油舱内的液位下降且吸入压力也下降并接近货油的蒸发压力时，部分货油将变成蒸汽，同时积聚在气液分离柜的顶部，并导致分离柜内液位下降。当液位降到 50% 以下时，分离柜上的液位传感器 8 的气动信号驱动装于货油控制板 7 上的压力开关，使真空泵 9 启动，同时打开气体抽出阀 5 并将排量调节阀 3 关小，进行节流。

（3）真空泵 9 抽出气体的同时分离柜中的液位升高，当液位恢复到 70% 时，气体抽出阀关闭并在 10 秒钟后，真空泵停止，排量调节阀恢复到原有的开度。每当出现上述情况时，重复进行（2）（3）的抽气过程。

（4）当货油舱内液位进一步下降时，吸入口周围会产生旋涡，当旋涡凹陷的底部低于吸入口的下表面时，气体开始被吸入。同样，这些气体积聚在分离柜的顶部，使分离柜内的液位降低，又重复（2）（3）的抽气过程。但由于吸入的空气越来越多，排量调节阀的开度变得越来越小，或真空泵处于一直运转的状态。

（5）当液位再下降时，就会有大量的气体被吸入，气体吸入的量超过真空泵的抽出量，排量调节阀会完全关闭，如果气液分离器内的液位还上升，排量调节阀会再开一点；但液位再次低于 5% 时，黄色的信号灯就会亮起，表示卸货工作已进入扫舱阶段。

（6）当真空泵连续操作时，分离柜内的液位也不上升，且排量调节阀随时保持完全关闭，长时间继续这种状态，意味着已抽不到剩余液体，大约 3 min 后，橘黄色灯会闪光，同时蜂鸣器发出声响，表示扫舱结束。

● 【任务评价】

学习任务工单

项目	项目四 调试油船专用系统	任务	任务一 调试货油装卸系统及扫舱系统
任务描述	油船运载的主要货物是液体油类，它需要具有装卸液体货油的能力，具有和其他船舶完全不同的货油管路。其中就包括货油装卸及扫舱管路。一般油船的装卸管路按布置位置可分为三部分，即货油舱内管系、油泵舱管系及甲板管系等		
任务目标	1. 掌握货油舱内管系、油泵舱管系及甲板管系的布置原则。 2. 掌握自动扫舱系统工作原理。 3. 能够控制自动扫舱管系		
任务思考	1. 一般油船的装卸管路按布置位置可分为哪三部分？ 2. 它们各自有哪些布置原则？ 3. 扫舱系统的作用是什么？ 4. 扫舱系统包含哪几种方式？有什么特点？		
任务实施	1. 学生分组，每小组4～5人。 2. 每个成员按要求绘制自动扫舱系统运行路径。 3. 小组经过讨论确定任务结果，每小组由中心发言人陈述，经过全体同学讨论，确定正确结果。 4. 检查总结		
任务总结			
实施人员			
任务评价	任务评分标准		

任务评分标准

序号	考核指标	分值	备注	得分
1	完成情况	20	在规定时间按时完成上交	
2	完成质量	50	内容准确、全面、充实	
3	小组活动参与度	30	高度完成小组角色，与其他成员合作完成任务	

指导教师： 日期： 年 月 日

● 【课后练习】

1. 对于货油舱内管系来说，线形总管式和环形总管式各自有什么特点？

2. 自动扫舱系统有哪些优势？

任务二　调试货油舱透气系统

【任务描述】

油轮的货油舱在装入货油时或者卸载后，油舱内的空气会被挤压而使货油舱内压力增加，或因油舱内的货油减少而使货舱内形成真空。在油船航行中，所有油舱都是封闭的，当外界温度发生变化时引起油舱内的气压升高或降低，都会使油舱壁受到压缩或膨胀而破坏。

货油舱透气系统的功能就是在货油装卸和驱除油气的过程中，使大量气体通过透气装置进出货油舱；在正常航行中，由于温度的变化等原因，能使少量油气、空气或惰性气体进出货油舱。因而每个货油舱均应设置透气装置以限制油舱内的压力或真空度。

【知识充电站】

一、货油舱透气系统的形式

货油舱透气系统有总管式和独立式两种基本形式。一般大型油船上每只货油舱均同时采用这两种透气系统。

1. 总管式透气系统

图 4-2-1 所示的透气系统中，位于船中的即为总管式透气系统。该系统在上甲板上敷设有一根惰性气体总管并兼透气总管，总管通过支管与每一只货油舱相连。在透气总管上还设有一只压力真空释放阀，以确保该系统的安全。在船艏装有透气管上升管，其高度一般不小于 8.5 m。上升管的顶部装有火星熄灭器。

调试货油舱透气系统

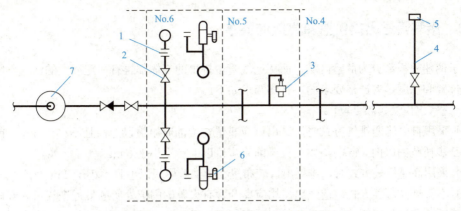

图 4-2-1 货油舱透气系统(兼甲板惰性气体总管)

1—双眼法兰；2—带锁蝶阀；3—压力真空释放阀；4—竖直透气管；5—火星熄灭器；6—高速透气阀；7—甲板水封装置

2. 独立式透气系统

每一油舱单独引出一根竖直透气管，透气管上方安装有透气装置（高速透气阀），如图 4-2-1 中的件 6 所示。如图 4-2-2 所示，高速透气阀由高速排放阀 1、真空吸入阀 2 和驱气排气口 3 三部分组成。

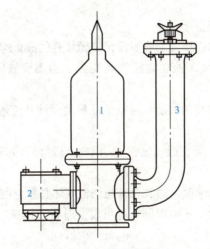

图 4-2-2 高速透气阀

1—高速排放阀；2—真空吸入阀；3—驱气排气口

（1）高速排放阀。高速排放阀的作用是在装载货油时，使舱内大量油气或惰性气体排出。其基本要求：排泄蒸发气混合物的节流速度不小于 30 m/s；蒸发气混合物垂直向上排出；排出口在货油舱甲板 2 m 以上处；使油舱内压力不高于 0.021 MPa。

（2）真空吸入阀。当油船在卸载货油时，真空吸入阀将空气吸入舱内。当使用惰性气体补充时，真空阀应自动关闭。它的基本要求：使油舱内真空不低于 0.007 MPa；吸入口在货油舱甲板以上 1.5 m 处；阀最大流量为每舱装载率的 1.25 倍。

（3）驱气排气口。驱气排气口主要用于正常航行过程中少量气体的排出。它的主要要求：驱气排出口应装有防火金属网；排出口流速至少为 2 m/s；排出口在货油舱甲板 2 m 以上。

二、透气管进出口位置和高度的要求

由于油船甲板部分为危险区域,而从透气管中排出的气体都含有一定浓度的油气,因而透气管的位置和高度是有严格要求的,具体要求如下。

1. 透气出口位置和高度

(1) 采用自由流通排气方式时,其出口应布置在货油舱甲板以上,且不小于 6 m;或当其出口位于步桥范围以内 4 m 时,则应位于前后步桥以上且不小于 6 m。

(2) 采用高速排气方式时,排气出口应布置在货油舱甲板以上且不小于 2 m 处。

(3) 不管哪种透气方式,透气出口均应离开含有火源的围蔽处所的最近进气口和开口以及可能构成着火危险的甲板机械和设备的水平距离不小于 10 m。

2. 透气管进口布置

(1) 对装有惰性气体的油船,透气管进口尽可能远离惰性气体入口。

(2) 透气管进口应自货油舱的最高部位引出。

(3) 对装有惰性气体的油船,推荐透气管进口尽量布置在油舱的中心附近。

【任务实施】

总管式透气系统工作特点如下:

(1) 各舱的支管与总管的连接管上应装设带锁闭装置的截止阀以能进行隔断。

(2) 货油舱另设呼吸装置(独立式透气系统)。当支管被隔断时,舱内仍能维持呼吸功能。

(3) 对于同时载运几种油品的油船,可按油品种类设计几组透气总管,其结构与上述总管式透气系统相同。

(4) 总管上适当位置设一竖直透气总管 4,以向上透气,出口处装金属防火网(火星熄灭器 5)。

(5) 设有惰性气体系统的油船,透气总管与惰性气体总管合用。

(6) 压力真空释放阀 3 前后不可设阀,但可设旁通阀,并有指示旁通阀已开启或压力真空阀已固定于开启的设施。

【任务评价】

学习任务工单

项目	项目四 调试油船专用系统	任务	任务二 调试货油舱透气系统
任务描述	货油舱透气系统的功能就是在货油装卸和驱除油气的过程中，使大量气体通过透气装置进出货油舱；在正常航行中，由于温度的变化等原因，能使少量油气、空气或惰性气体进出货油舱。因而每个货油舱均应设置透气装置以限制油舱内的压力或真空度		
任务目标	1. 掌握系统的作用及组成。 2. 掌握系统工作原理。 3. 能够控制货油舱透气系统		
任务思考	1. 货油透气系统的作用是什么？ 2. 货油透气系统有哪些形式？ 3. 透气管进口位置有哪些要求？		
任务实施	1. 学生分组，每小组4～5人。 2. 每个成员按要求绘制总管式透气系统运行路径。 3. 小组经过讨论确定任务结果，每小组由中心发言人陈述，经过全体同学讨论，确定正确结果。 4. 检查总结		
任务总结			
实施人员			

任务评价	任务评分标准				
	序号	考核指标	分值	备注	得分
	1	完成情况	20	在规定时间按时完成上交	
	2	完成质量	50	内容准确、全面、充实	
	3	小组活动参与度	30	高度完成小组角色，与其他成员合作完成任务	
	指导教师： 日期： 年 月 日				

● 【课后练习】

1. 对于独立式透气系统,高速排放阀的作用是什么?

2. 对于独立式透气系统,真空吸入阀的作用是什么?

任务三 调试油船惰性气体系统

【任务描述】

油船装载的是易燃易爆的原油或成品油,当货油舱内的油气与空气混合,并达到一定的含氧量后,极易发生火灾和爆炸事故。因而船级社规范对货油舱内的气体置换有明确的要求。对载重量为 20 000 t 及以上的载运闪点(闭杯试验)不超过 60 ℃的原油船或成品油船,以及所有使用原油洗舱的油船,均应设置惰性气体系统。

【知识充电站】

一、惰性气体的功能

(1)降低货油舱内大气的含量,使舱内大气达到不能支持燃烧的程度,而使空舱惰性化。
(2)在航行中使货油舱内的大气含氧量(以体积计)不超过 8%,并保持正压状态,但需要排清货油舱的油气时除外。
(3)除有必要排清货油舱的油气外,保证在正常作业中,空气不进入货油舱。
(4)驱除空货油舱内的碳氢气,使其后的除气过程中货油舱内不致形成可燃气体。

二、烟气式惰性气体系统

典型的烟气式惰性气体系统如图 4-3-1 所示。
惰性气体系统的形式取决于惰性气体装置的形式。惰性气体系统有烟气式惰性气体系统、惰性气体发生装置系统和多功能惰性气体系统三种形式。
目前油轮上基本都使用烟气式惰性气体系统。因其有供气量大,含氧量一般在 5% 以下,不需额外消耗燃料,成本低,经济性高的优点。

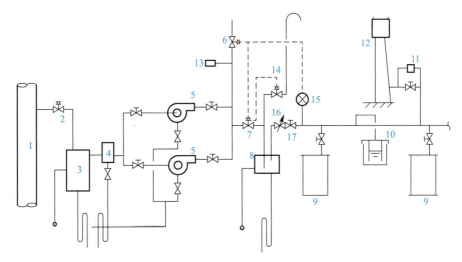

图 4-3-1 典型的烟气式惰性气体系统

1—锅炉烟道；2—烟气抽气阀；3—洗涤塔；4—除湿器；5—风机；6—压力控制排放阀；7—调节阀；
8—甲板水封装置；9—货油泵；10—压力/真空安全装置；11—呼吸阀；12—透气桅；
13—氧分析仪；14—放气阀；15—压力传感器；16—单向阀；17—主截止阀

主要设备的功能如下：

（1）烟气抽气阀。烟气抽气阀 2 安装于锅炉烟道和洗涤塔之间，连接管上接入蒸汽或空气冲洗管，需要时对阀进行冲洗。另外，还接入空气密封管，当排气阀处于关闭状态时，由锅炉风机向抽气管供气，使抽气阀冷却和阻止烟气进入抽气管。

（2）洗涤塔。洗涤塔 3 具有冷却、脱硫和除尘的功能。它使烟气的温度下降到接近海水温度，一般要求比海水高 2 ℃～5 ℃；去除烟气中的硫氧化物（SO_2 和 SO_3），一般要求脱硫率为 90%～95% 或更高；去除烟气中的烟尘等固体杂质，要求除尘率在 90% 以上。

（3）除湿器。用来去除洗涤塔排气中的水滴，要求除水滴率在 90% 左右。除湿器 4 的形式有过滤式、旋流式和挡板式等。

（4）甲板水封装置。甲板水封装置 8 是安全装置，以防止货油舱内可燃性气体逆流。其原理是甲板水封内水柱的静压与货油舱油气的逆压相平衡，以阻止货油舱内可燃性气体的逆流。

（5）压力/真空安全装置。该装置设于甲板惰性气体总管（也是货油舱透气总管）上，其作用和要求前文已叙述。

（6）风机。一般使用电动离心式风机，风机 5 的风量应保证最大卸油量时油舱内能维持一微小正压。风机总风量比货油泵的排量至少大 25%。风机一般应设置两台，每台风机的风量可以是总风量的 100% 或 50%，所以有三种不同的配置方式。

（7）压力传感器。压力传感器 15 的功能是控制进入货油舱内的惰性气体压力，它通过压力控制排放阀 6 和调节阀 7 的开闭来维持惰性气体的压力。当压力升高时，压力传感器送出电信号，使调节阀 7 关小，减少流量，从而使进入货油舱的惰性气体压力降低，同时，使压力控制排放阀 6 打开，将多余的惰性气体从烟囱顶部排出。当压力降低时，开大调节阀，关闭或关小排放阀，使进入货油舱的惰性气体压力升高。

（8）氧分析仪。本系统图中的氧分析仪 13 的作用是对送入货油舱的烟气中的含氧量进行分析，显示并记录进入货油舱烟气的含氧量，当含氧量超过 5% 时仅会发出报警和记录。也可以通过氧分析仪控制调节阀 7 的开闭，当含氧量超标时，关闭总管上的调节阀，打开与惰性气体总管连通的放气阀，将不合格的惰性气体放入大气。

(9) 放气阀。本系统中放气阀 14 的作用是当调节阀 7 关闭时，将调节阀 7 与甲板水封装置 8 之间管路中的惰性气体放入大气，因而它的开闭也是由调节阀控制的。

三、惰性气体发生装置系统

惰性气体发生装置系统是利用专门的燃烧器燃烧柴油，产生燃气经洗涤塔冷却、脱硫、除尘和除湿，而后得到高质量的惰性气体。这种系统的优点是所产生的惰性气体含氧量低（1%～4%）、二氧化硫少、烟尘少。其缺点是需额外消耗燃油，经济性差，并要设置专门的燃烧室、燃油泵、燃油柜等设备，造价高。这种系统适用于没有大锅炉的成品油轮。

四、多功能惰性气体系统

这种装置是惰性气体发生装置系统的改进式，具有多种功能：
(1) 可用锅炉的烟气产生惰性气体。
(2) 当锅炉的排烟含氧量过高时，在燃烧室内进行再燃烧产生含氧量小于 5% 的惰性气体。
(3) 作为惰性气体发生装置，直接燃烧柴油后，得到高质量的惰性气体。

五、惰性气体管路及安装要求

(1) 惰性气体管路中适当位置需安装泄放阀，防止管路中积聚货油和水。
(2) 惰性气体总管穿过最前面的安全处所的前壁内侧，应设 1 只自动控制的惰性气体调节阀（图 4-3-1 件 7），在出现下述情况之一时该阀应能自动关闭：
①洗涤塔冷却水压力或流量降低到预定极限值。
②洗涤塔内水位升高至预定极限值。
③惰性气体温度升高至预定极限值。
④惰性气体风机发生故障。
(3) 惰性气体甲板总管应设有通岸连接法兰，使惰性气体总管能与外部惰性气体供气管连接。
(4) 惰性气体总管设有通向每一货油舱的支管，支管应装有带锁闭装置的截止阀。
(5) 在惰性气体调节阀后的惰性气体总管上至少有两个止回装置，其中之一是甲板水封装置；另外还需设一个止回阀，安装于甲板水封装置之后。在止回阀之后还需设一只截止阀，使甲板水封能与通往货油舱的惰性气体总管隔离。
(6) 每台风机的进出口均应装设截止阀。
(7) 在风机前的惰性气体管路上装设新鲜空气进口盲法兰，可以用惰性气体风机来驱除货油舱内的气体。
(8) 惰性气体调节阀前需装设一根惰性气体循环管，可以回至洗涤塔或排入大气。在循环管路上需装设一只截止阀，此截止阀受惰性气体的含氧量以及甲板惰性气体总管的压力控制，并与惰性气体调节阀联锁控制。

（9）在惰性气体调节阀和甲板水封装置之间的总管上，设1只放气阀，当调节阀关闭时，这部分管子内的惰性气体排至大气。放气阀和调节阀联锁控制。

【任务实施】

烟气式惰性气体系统工作原理如下：

图 4-3-1 所示为典型的烟气式惰性气体系统图。其工作原理是柴油机排出的废气经废气锅炉后进入烟道，由风机 5 将其抽出，先通过烟气抽气阀 2 进入洗涤塔 3 进行冷却、脱硫和除尘；干净的烟气再经过除湿器去除烟气中的水分；然后烟气被风机打入货油舱，进入货油舱之前的管路中设有调节阀 7、甲板水封装置 8、单向阀 16 等。由于烟气是从柴油机排出的废气中抽取，因而其中的氧气已基本上被燃烧掉，留下的主要是氮气，所以是一种惰性气体。

【任务评价】

学习任务工单

项目	项目四 调试油船专用系统	任务	任务三 调试油船惰性气体系统
任务描述	油船装载的是易燃易爆的原油或成品油，当货油舱内的油气与空气混合，并达到一定的含氧量后，极易发生火灾和爆炸事故。因而船级社规范对货油舱内的气体置换有明确的要求。对载重量为 20 000 t 及以上的载运闪点（闭杯试验）不超过 60 ℃ 的原油船或成品油船，以及所有使用原油洗舱的油船，均应设置惰性气体系统。		
任务目标	1. 掌握惰性气体的功能。 2. 掌握系统主要设备的作用及原理。 3. 能够控制烟气式惰性气体系统		
任务思考	1. 惰性气体的功能是什么？ 2. 惰性气体是如何产生的？		
任务实施	1. 学生分组，每小组 4～5 人。 2. 每个成员按要求绘制烟气式惰性气体系统运行路径。 3. 小组经过讨论确定任务结果，每小组由中心发言人陈述，经过全体同学讨论，确定正确结果。 4. 检查总结		
任务总结			
实施人员			

任务评价	任务评分标准					
	序号	考核指标	分值	备注		得分
	1	完成情况	20	在规定时间按时完成上交		
	2	完成质量	50	内容准确、全面、充实		
	3	小组活动参与度	30	高度完成小组角色，与其他成员合作完成任务		
	指导教师：　　　　日期：　　　年　　月　　日					

● 【课后练习】

1. 多功能惰性气体系统相比传统式惰性气体系统有哪些改进？

2. 油轮上基本使用哪种惰性气体系统？有什么优势？

任务四　调试货油舱洗舱系统

【任务描述】

在下述情况下，货油舱都要进行清洗：货油舱在换装另一种货油之前，必须将积存的原有存油清除出去，以免新装入的货油受到混杂；清除长期积存于货油舱内结构上的沉积杂物；在进入货油舱内进行检查或修理前，须将积存在舱内的货油和沉积油类物质清除，同时还应清除舱中的油气，以保证安全；在进厂修理前应将全部油舱中的存油及沉积杂物清洗干净。因而油船均设有洗舱系统。

【知识充电站】

洗舱系统可分为原油洗舱系统和水洗舱系统。对于 20 000 DWT 及以上的新造原油船必须有货油舱原油清洗系统。该系统应有专门的固定管路，并应与消防管及其他任何与洗舱无关的系统分开；在成品油船和不足 20 000 DWT 的原油船上，可使用压力水（冷水或热水）对油舱内壁和舱底进行冲洗的水洗舱系统，一般采用手提式洗舱机。

洗舱系统的基本要求是能将货油舱内壁、舱底和内部结构上的附着物、沉积杂物等清洗到舱底。对用水清洗者，用扫舱系统抽吸，排至污油水舱。洗舱系统的布置应使舱内被清洗到的垂直壁面达到 85% 以上，水平壁面应达到 90% 以上，并能保证安全地进行洗舱作业。

一、原油洗舱系统

原油洗舱是指运送原油的油船，在卸货期间或开往卸货港的航行途中，利用本船所载的一部分原油作为洗舱介质，通过洗舱机以较高压力喷射到货油舱内表面，依靠原油自身的溶解作用，把附着在油舱内壁及舱底的沉淀物，如沥青、蜡质、胶质和杂质冲掉，使其重新溶解在原油中，随货油一起卸到岸上。

1. 主要设备及附件

（1）洗舱泵。

①当设置专用洗舱泵时，泵的容量应足够供给规定最多台数洗舱机同时操作所要的排量。

当几台货油泵均可兼作洗舱泵时，其容量是足够的。

②泵和管路的布置应使在任一台泵停用时原油洗舱系统仍能有效地操作。

③当载运几种不同的货油时，对载运原油的货油舱也应可以用原油洗舱。

④为使原油洗舱能有效地进行，在任何情况下均应满足原油洗舱机的最低供油压力。

⑤如洗舱泵采用容积泵，则必须装有防止压力超过允许值的措施。所设的释压装置，应将泄出的油排至供油泵的吸入端。若采用离心泵，设计压力不会超过管路的设计压力时，应在泵壳内安装一个温度传感器，在过热情况下停泵。

（2）洗舱机。

①原油洗舱机应固定安装。

②洗舱机的台数和位置，根据货油舱的容积、结构、形状阴影图的计算或计算机模拟来确定（一般由洗舱机制造厂承担），并需船级社认可。

③洗舱机的形式分两种：顶部洗舱机和底部洗舱机。顶部洗舱机其主体固定在甲板上，喷嘴伸入舱中，用以清洗货油舱底部及四壁；底部洗舱机一般装在离货油舱底 3～5 m 的高度位置，用以清洗货油舱顶部及四壁。

2. 管路设计及布置要求

（1）原油洗舱的管路和阀件均需有足够的强度以承受压力。

（2）原油洗舱管系应为独立的管系，与消防管路及其他任何非洗舱系统分开。原油洗舱系统的任何部分不得进入机舱。

（3）所有压力表及其他仪表的接头，应在靠近管路处装设隔离阀。

（4）管路直径应满足每一货油舱所需的洗舱机台数同时运转。

（5）管路在船上安装完毕后，应以 1.5 倍工作压力进行试验。

二、水洗舱系统

1. 原油—水兼用的洗舱管路

由图 4-4-1 可知，可以利用货油泵抽吸海水，经设在原油洗舱出口管路上并联的洗舱水加热器，便可兼作水洗舱系统。加热器与原油洗舱管之间必须设有双截止阀或盲板法兰。同时管路应设计得在水洗前能排干管路中的存油至污油水舱或其他的货油舱。

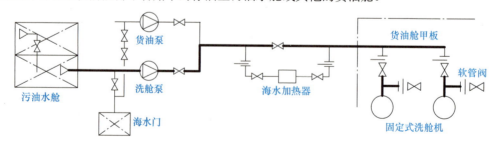

图 4-4-1　原油洗舱系统

2. 水洗舱系统

水洗舱系统一般使用手提式洗舱机，可以利用机舱中的消防泵或总用泵吸入海水输送到货油甲板的消防总管，通过消防总管上的消防接头和专用软管，供水给洗舱机。洗舱机的压力应为 0.6～0.8 MPa。

使用手提式洗舱机时，货油舱甲板上适当位置开有安装洗舱机的通孔，平时用盖密封。当需要洗舱时，打开闷盖，安装手提式洗舱机，接好软管，即可进行洗舱操作。

由图 4-4-1 可知，也可通过软管阀将机舱来的海水供给固定式洗舱机，进行洗舱操作。这种情况下，可以不设手提式洗舱机。

【任务实施】

原油洗舱系统工作原理如下：

图 4-4-1 所示为原油洗舱系统甲板上管路。原油洗舱系统可以利用货油泵作为洗舱泵，也可以设置专用的洗舱泵。由于货油泵或专用洗舱泵均与泵舱内的海水门相连接，因而原油洗舱系统也可兼作水洗舱系统。货油泵将货油从货油舱或污油水舱内抽吸至甲板洗舱总管，通过支管送到每一舱的固定洗舱机，喷入舱内达到清洗的目的。在洗舱支管上设有一只截止阀，阀前设有双孔法兰；在支管上还有一只软管阀，必要时可以通过该阀送入洗舱水，阀前也装有双孔法兰。

【任务评价】

学习任务工单

项目	项目四　调试油船专用系统	任务	任务四　调试货油舱洗舱系统
任务描述	在下述情况下,货油舱都要进行清洗:货油舱在换装另一种货油之前,必须将积存的原有存油清除出去,以免新装入的货油受到混杂;清除长期积存于货油舱内结构上的沉积杂物;在进入货油舱内进行检查或修理前,须将积存在舱内的货油和沉积油类物质清除,同时还应清除舱中的油气,以保证安全;在进厂修理前应将全部油舱中的存油及沉积杂物清洗干净。因而油船均设有洗舱系统		
任务目标	1. 掌握系统的作用及组成。 2. 掌握系统工作原理。 3. 掌握系统主要设备的结构及原理。 4. 能够控制洗舱管系		
任务思考	1. 洗舱系统的作用是什么? 2. 洗舱系统应满足哪些要求?		
任务实施	1. 学生分组,每小组4～5人。 2. 每个成员按要求绘制货油舱洗舱管路运行路径。 3. 小组经过讨论确定任务结果,每小组由中心发言人陈述,经过全体同学讨论,确定正确结果。 4. 检查总结		
任务总结			
实施人员			

任务评价	任务评分标准					
	序号	考核指标	分值	备注		得分
	1	完成情况	20	在规定时间按时完成上交		
	2	完成质量	50	内容准确、全面、充实		
	3	小组活动参与度	30	高度完成小组角色,与其他成员合作完成任务		
	指导教师:　　　　　日期:　　　年　　月　　日					

● 【课后练习】

1. 为什么洗舱？

2. 洗舱机分为哪几种？分别用在哪里？

任务五　调试货油舱液位、温度和船舶吃水遥测系统

【任务描述】

随着船舶自动化程度和对安全航行要求的提高，油船上目前设置了各种形式的货油舱液位、温度和船舶吃水遥测系统。

【知识充电站】

一、遥测系统的基本要求

（1）对装有固定式惰性气体系统的油船，货油舱应装设认可型闭式测量装置。
（2）除载运闪点大于60℃（闭杯试验）货油的油船外，在设计中一般均选用闭式测量系统。
（3）为配合装卸操作管理，实行集中监控，各货油舱的液位应在货油控制室集中显示。货油舱液位的显示应能实现全程范围显示。
（4）为配合全船装卸配载，还需将油船各压载舱的液位及船舶吃水同时在货油控制室监控。

二、遥测系统的形式

1. 雷达式货油舱液位遥测系统

该系统由安装于货油舱顶部的雷达发射器、发射器连接组件、中央处理单元、显示单元和可供选择的货油温度传感器、固定式现场读出单元、手提式读出单元、色带指示器等组成。图 4-5-1 所示为雷达发射器。

（1）工作原理。其工作原理是由雷达发射器发出电波，到达液体表面后反射到发射器的接收器，根据电波来回所花费的时间，经过处理可以换算成液货舱内液位的高度。

该系统无任何部件与货油接触（油船用雷达发射器不伸入油舱），能在甲板上对其维修，测量精度高（±5 mm），测量不受货油温度和密度的影响，且功能齐全。因此，适用载运各种货油的货油舱，特别是大中型油船。

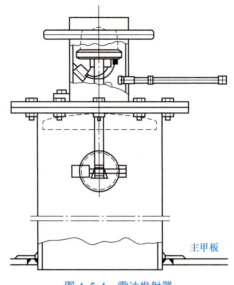

图 4-5-1 雷达发射器

（2）功能。雷达式货油舱液位遥测系统的显示功能齐全，包括货油舱液位高度，货油温度及温度极限报警，惰性气体压力及压力极限报警，船舶吃水，高低液位报警，高高、低低液位报警，货油质量，货油体积，单位换算等。

2. 压力传感器式液位遥测系统

采用这种遥测系统时，在每一货油舱内安装三只压力传感器，分别安装在下部、中部和顶部。对无惰性气体系统的货油舱可省去顶部传感器。

其工作原理也很简单，通过压力传感器，将液体的静压力转换成电流强度，即可得出相应的液位高度。这种系统的优点是功能齐全、系统简单，但缺点是因传感器安装在货油舱内，维修较为困难。

该系统除压力传感器外，还包括控制单元和工作站等。压力传感器内还装有温度元件，故液位测量、温度测量和惰性气体压力测量可结合在一起。这种系统可显示货油舱液位高度、货油温度、惰性气体压力、船舶吃水、货油泵和货油管系压力及各参数的报警值等。

3. 吹泡式液位遥测系统

吹泡式液位遥测系统是一种较老的测量系统，由于其测量精度受到货油密度及黏度（温度）的影响，因而精度较差。目前，其仅适用水舱的液位测量，如压载水舱，包括油船的专用压载水舱的液位测量。

其基本形式可分为气动式和气电式两种。它们的区别在于前者直接由气体压力转换成液舱的液位高度，而后者先将气体压力转换成电信号，再转换成液位的高度。

油船的专用压载舱液位遥测系统主要采用吹泡式液位遥测系统和压力传感器液位遥测系统。如果采用后者，一般每一专用压载舱内仅需在舱底设一只压力传感器，且该传感器不需安装温度元件。

船舶吃水遥测系统也同样采用压力传感器式吃水测量仪和吹泡式吃水测量仪。一般测量船舶四点吃水，即首部、尾部、中部两舷侧。因此，应在该四处设置压力传感器或吹泡装置。吃水遥测系统应能测量并显示各点吃水值、平均吃水值、吃水差值、纵倾和横倾角度、对海水密度的修正及有关报警。

【任务实施】

吹泡式液位遥测系统工作原理如图 4-5-2 所示。

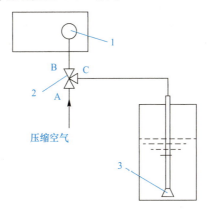

图 4-5-2　吹泡室液位遥测系统工作原理
1—液位表；2—L 形三通旋塞；3—吹泡室

该系统由液位表 1、L 形三通旋塞 2、管路及吹泡室 3 组成。液位表工作原理与压力表工作原理完全相同，仅仅是表面上所显示的刻度不是压力而是液位。

L 形三通旋塞的 A 端与压缩空气管路相连，B 端与液位表连接，C 端与吹泡管连接。要测量该液舱的高度时，使三通旋塞处于 A、C 相通，压缩空气通过旋塞进入液舱内的吹泡管，然后转动旋塞的手柄，使 B、C 相通。如果管内的气体压力大于液体的静压力，则部分气体从吹泡管底部逸出，一直到气体的压力与液体的静压力相平衡为止。当液位表上的指针稳定下来时，所指示的液位即货油舱内的液位。

【**任务评价**】

学习任务工单

项目	项目四 调试油船专用系统	任务	任务五 调试货油舱液位、温度和船舶吃水遥测系统
任务描述	随着船舶自动化程度和对安全航行要求的提高，油船上目前设置了各种形式的货油舱液位、温度和船舶吃水遥测系统			
任务目标	1. 掌握系统的基本要求。 2. 掌握遥测系统基本形式。 3. 掌握吹泡式液位遥测系统工作原理			
任务思考	1. 遥测系统的作用是什么？ 2. 遥测系统的形式有哪些？			
任务实施	1. 学生分组，每小组4～5人。 2. 每个成员按要求绘制吹泡式遥测系统的路径。 3. 小组经过讨论确定任务结果，每小组由中心发言人陈述，经过全体同学讨论，确定正确结果。 4. 检查总结			
任务总结				
实施人员				
任务评价	<center>任务评分标准</center> 	序号	考核指标	分值	备注	得分
---	---	---	---	---
1	完成情况	20	在规定时间按时完成上交	
2	完成质量	50	内容准确、全面、充实	
3	小组活动参与度	30	高度完成小组角色，与其他成员合作完成任务	| 指导教师：　　　　日期：　　年　月　日			

● 【课后练习】

1. 遥测系统的基本要求有哪些？

2. 遥测系统的形式有哪些？各有什么特点？

05 项目五 调试散装运输液化气船舶的专用系统

【项目描述】

世界上散装液化气船舶的建造已有60多年的历史,特别是液化天然气(LNG)船是在20世纪60年代初,当英国决定从阿尔及利亚进口LNG时开始建造的。1964年,舱容27 400 m³ 的甲烷公主号、甲烷进步号首次投入商业LNG海上运输;1969年,出现了两艘71 500 m³ 的LNG船航行于阿拉斯加至日本间;1972年,又有七艘75 000 m³ 的LNG船航行于文莱至日本之间……至20世纪70年代后期,LNG船进一步向大型化发展,大量建造了135 000 m³ 以上的LNG船。

20世纪80年代中后期,特别是进入20世纪90年代,天然气作为清洁能源越来越受到人们的重视,从石油代替煤作为主要能源,开始转变为由天然气代替石油作为主要能源。因而全球范围内的天然气开采量、运输量和消耗量急剧增加,LNG船的需求量也由此相应增加。

【学习目标】

※ 知识目标
1. 掌握液化气船舶专用系统的作用与组成;
2. 掌握液化气船舶专用系统的工作原理;
3. 掌握主要设备及附件的结构及原理。

※ 能力目标
1. 能够识读系统原理图;
2. 能够对系统进行操作与调试。

※ 素质目标
1. 通过自主学习,亲历探究知识的过程;
2. 通过小组合作实施任务,培养动手实践能力,团队合作精神;
3. 学会发现问题、思考问题、解决问题的方法,学会学习;
4. 形成创新精神和实践能力。

任务一 散装液化气船舶基本认知

【任务描述】

21世纪初,我国的沪东中华造船(集团)第一次承接到LNG船的建造任务,作为一种全新的船舶，我们对其了解得较少，但是为了适应造船工业的发展的需要，我们只能根据现有的资料做一些简单的介绍。

【知识充电站】

散装液化气船舶简介

一、液化气船舶的概述

散装液化气船舶主要有两大类：一类是液化石油气（LPG）船；另一类是液化天然气（LNG）船。

液化石油气主要是指以丙烷（C_3H_8）和丁烷（C_4H_{10}）为主要成分的石油碳氢化合物，包括一些物理性能与石油气相似的氨（NH_3）、丁二烯（C_4H_6）、氯乙烯（C_2H_3Cl）、乙烯（C_2H_4）和环氧乙烯等产品也常常是石油气船运输的对象。而天然气是甲烷（CH_4）、乙烷（C_2H_6）、丙烷（C_3H_8）和丁烷（C_4H_{10}）的混合物，其中主要成分是甲烷。各种石油气和天然气在大气压力下的沸点和在 45 ℃下的液化压力是不相同的，见表 5-1-1。

表 5-1-1　石油气和天然气在常压下的沸点和在 45 ℃下的液化压力

气体名称	在大气压力下的沸点 /℃	在 45 ℃下的液化压力 /MPa	可用液化方式
丁烷（C_4H_{10}）	−0.5	0.45	全压式、半冷式或全冷式均可
丁二烯（C_4H_6）	−4.5	0.50	
丁烯（C_4H_8）	−6.26	0.53	
氯乙烯（C_2H_3Cl）	−14	0.68	
氨（NH_3）	−33	1.82	
丙烷（C_3H_8）	−42.8	1.50	
丙烯（C_3H_6）	−48	1.85	
乙烷（C_2H_6）	−88.6	在临界温度以下加压才能液化	半冷式或全冷式均可
乙烯（C_2H_4）	−104	在临界温度以下加压才能液化	半冷式或全冷式均可
甲烷（CH_4）	−163	在临界温度以上	全冷式

石油气和天然气在液态时的体积仅约相当于气态时的体积的 1/200 ～ 1/800，所以这些气体必须在液化状态下才能够利用船舶经济地运输。

1. **液化石油气船**

液化石油气船所载主要货物是丙烷，它可以在温度 −43 ℃时装载，也可在压力为 1.50 MPa 时装载，还可以按照丙烷的特性调节温度、压力来装载。实际上液化气船装载的往往也是混合气，因而装载温度和压力一般都取高值。根据石油气液化的方法不同，可以分成以下三种不同型的船舶。

（1）全压式液化石油气运输船。液货舱的设计能经受住最大环境温度（按规范是 45 ℃）的平衡压力。在此温度时，丙烯蒸发气压力为 1.85 MPa、丙烷蒸发气压力为 1.5 MPa、氨蒸发气压力为 1.82 MPa、丁烷蒸发气压力为 0.45 MPa。因此，当液货舱设计最大蒸发气压力为 1.85 MPa 时，以上所有产品均能装载。这种船舶的液货舱采用圆柱形，两端为半球形或椭圆形，也有采用球形舱的。有时为了最大限度地利用货舱的有效容积，则采用具有纵舱壁的双圆柱形或三圆柱形的货舱。

（2）半冷/半压式液化石油气运输船。对于运输各种液化石油气或类似气体化学产品的运输船，应设计成半冷半压式，可装载多种货物。通常设计温度为 −50 ℃，而工作压力为 0.45～1.0 MPa。有些装载乙烯的船同时载运 LPG 时，其设计温度可达 −104 ℃ 左右，而压力为大气压。冷藏货物运输的特殊优点是降低温度可增加货品的密度，因而在给定货舱容积下，总的货运量可以增加。例如丙烷在 −45 ℃ 时密度为 0.58 kg/dm^3，而在 +45 ℃ 时密度为 0.46 kg/dm^3，这意味着约增加 26% 的装载量。这类船的液货舱也可设计成圆柱形、双圆柱形或三圆柱形。液货舱的材料需用耐低温的钢，并要隔热。

（3）全冷式液化气船。液货舱的设计压力大小，应根据货物的冷藏程度而定，如果货物冷藏时，其压力等于大气压，则液货舱不需要采用压力结构的容器。全冷式液化石油气运输船液货舱的设计温度通常选用 −50 ℃，而工作压力为 0.028 MPa。液货舱采用自承式棱形。这些液货舱要求全部采用双层屏壁和隔热设计。

2. 液化天然气船

目前，所有建造的液化天然气（LNG）船全部是全冷式的，但世界上有些国家已经在研究采用压力液化方法来运输天然气，这种液化天然气船称为 CNG 船，目前还只是处于研究阶段。下面所有介绍的内容都是用冷冻方法使天然气液化的运输船舶。

天然气的主要成分是甲烷，它在 −161 ℃～−163 ℃ 时液化，液化时容积为气化时的 1/600。液化天然气船的液舱形式有三种。

（1）SPB 棱柱形独立 B 型舱（日本 IHI 开发）。该型船具有平坦的上甲板，双底双壳内的各舱用双层横隔壁隔开，各舱内安装由特殊合金板块支承的铝合金（A5083-0）液货罐。它的优点是液货罐的制作要比球形罐简单，且货舱有效容积的利用率也比球罐形高。但目前世界上只有日本建造的船舶采用过这种形式的液货舱。

（2）MOSS ROSENBERG 独立球罐型，该型船采用球形的液货舱，也是由特殊的铝合金制作而成，与船体采用浮式连接。目前，这种形式约占正在运行船舶的 55%。

（3）薄膜型。薄膜型按液货舱的绝缘方式可分为以下几种：

① TECHNEGAZ 薄膜型，它的第一层屏壁用 1.2 mm 厚不锈钢波纹板；第二层屏壁用铝箔纤维加强板，隔热用聚氨酯。

② GAZTRANSPORT 薄膜型，它的第一、二层屏壁均是 0.5～0.7 mm 的含镍 36% 的铟瓦钢板（INVAR 钢），也就是不胀钢。中间隔热材料为珍珠岩。它的特点是两层屏壁都用铟瓦钢，安全可靠，用材少，重量轻；但价格较高。

薄膜型按绝缘的专利分有法国 GTT 公司的 NO.96（相当于 GAZTRANSPORT 薄膜型）和 Mark Ⅲ 型（相当于 TECHNEGAZ 薄膜型）两种。但 GTT 公司正在大西洋船厂建造的 LNG 船上采用一种改进型的绝缘方法（CS1），可以减少绝缘层的厚度，增加舱容 5% 左右。

3. 薄膜型与球罐型的比较

（1）货舱容积相当的两种船型，薄膜型船相对于球罐型船来说，主尺度要小很多，而船舶建造所用的钢料重量主要受主尺度中的船长、船宽、型深三个因素的影响，所以球罐型的空船重量要比薄膜型大很多，上面两种船型的空船重量之比为 1∶1.13。

（2）从两种船型的总布置也可以看出：球罐型船货舱区域的球罐之间、球罐与船体之间等都有较大空间，容积效率低。而薄膜型船通过最大限度地充满船体，节省了大量船体空间，容积效率高。因而两船具有相同装载容积的条件下，球罐型的液化天然气船比薄膜型的建造成本高出 15% 左右。

（3）球罐型船的球罐直径达 40 m 左右，货舱区船体线型受到较大的限制，而薄膜型船的线型不受货舱形状的限制，可以较多地从流体力学与快速性的角度出发优化船体线形，降低船体阻力，降低推进功率。

（4）与常规船相比，液化天然气船属于富裕干舷船舶，型深较大而由于装载的货物密度只有 0.47～0.5 t/m³，营运吃水较小，造成液化天然气船的受风面积较大，风压造成的船舶阻力、操纵性的影响较大。由于球罐几乎有一半在主甲板以上，所以球罐型船比薄膜型船的受风面积高出 40%～50%，使它在低速航行时舵效急剧下降，操纵性能较差，危险性大。

（5）同样的原因，由于球罐体高出甲板十几米，相对于薄膜型船来说，造成更大的航行盲区。必须增加上层建筑的高度满足规范对视线的要求。

（6）由于薄膜型采用了完整双壳结构，甲板无大开口，双层甲板提供了更强的船体结构，且液化天然气船的设计疲劳寿命要求为 40 年。而球罐型船的甲板开口近 40 m，达到甲板宽度的 83%，与集装箱船一样存在扭转变形，需要进行角隅的强度加强。

（7）在设备投资方面，两者基本相当。薄膜型船需 INVAR 材料仓库、绝缘箱流水线、INVAR 焊机、液货舱安装平台等。而球罐型船需要铝板专用加工机床、热弯成型、专用胎架，大型专用车间及移动平板车、专用焊接机等。但前者，船厂必须拥有自己的设备；而后者可以委托专业生产厂预制，设备投资减少，但成本没有减少。

（8）在建造工艺方面，薄膜型船货舱内安装绝缘层较复杂、精度高，需熟练技工和 INVAR 焊接的工人，修理和检查较易。而球罐型船球罐分段制作、铝板加工、热弯成型，专用胎架、专用焊机，高度机械化自动化，专用曲面安装较简单，修理和检查较难。

（9）运营成本方面，货舱容积相当的船，球罐型的总吨位比薄膜型船约大 20%，由此造成它的港口使用费高，提高了船舶的营运成本。

总之，由于薄膜型船造价低，建造周期短，修理和检查较方便，船舶操纵性好，船舶运营安全且成本低，故深受广大船东欢迎，从目前的订单看，薄膜型船的数量已达到了 70%。

二、液化天然气船的装载过程

天然气是一种易燃气体，在一定温度下，如混入一定量的空气就可能会引起爆炸。对于一条刚交付船东使用的新船来说，舱内充满未经任何处理的空气，不能直接引入液化天然气，并且由于舱内温度为环境温度，在装载液态天然气（LNG）前，也要对液货舱进行降温处理，以保证顺利和安全地进行装载。

液化天燃气船的装载过程

1. LNG 的装载

（1）液货舱内气体的干燥过程。为了防止在液货舱内因空气中的水蒸气在低温下凝结形成固态冰而对液货泵、阀门等产生破坏作用，必须对液货舱进行干燥处理即降低露点，尤其是在夏季较潮湿的季节。干燥过程是将惰气发生器中产生的干燥空气充入货舱，而干湿混合气体由船艏主通风管排出。从每舱液体穹顶的取样管中取样，当舱内空气露点达到 -20 ℃时干燥过程方告结束。

（2）液货舱的惰气化过程。为了减少舱内和管子内气体中的含氧量，以避免货物蒸汽进入后生成的混合气体发生爆炸，必须在舱内和管子内充满惰气。因为惰气比空气密度大，从惰气发生器产生的惰气由液货总管经注入管进入舱的底部，而空气和惰气的混合气体通过每舱LNG挥发气排出管进入挥发气总管由船艏主透气管排出。

在每舱的液体穹顶处通过取样管取样，用手提式含氧量探测仪和露点计测得舱内含氧量 $\leqslant 2\%$，舱内露点 $\leqslant -40$ ℃时，表明惰气化过程可以结束。惰气化过程约需 20 h。为节省时间，前面的两个过程可在船厂或在航行过程中进行。

（3）液货舱的挥发天然气的注入过程。因为惰气中含有 CO_2，而 CO_2 气体在温度低于 -70 ℃时将变为粉状，为此在货舱冷却之前，用环境温度货物蒸汽（LNG挥发气）来置换舱内的惰气是必需的。此过程结束后，舱内 CO_2 含量 $\leqslant 1\%$。全过程大约需要 20 h。

（4）液货舱和液货管路的冷却过程。为了避免在装载期间，过快的气化在舱内产生过压，因此在装载之前，必须对舱内进行冷却。从岸上供给的LNG液体通过扫舱/喷淋管，经布置在舱顶的喷淋管直接喷至舱的中心。因LNG液体的汽化吸收周围的热量而达到对液货舱的冷却。这些冷却的气体通过对流同时冷却薄膜和绝缘。当测得液货舱底部的温度达到 -130 ℃ 时，可以进入LNG的注入过程。

（5）LNG的装载过程。为保证装载安全有效地进行，装载前岸上工作人员与船上工作人员之间要开一个安全会议。会议之后岸上与船上的所有安全、通信均需连接，装载臂及气体回收臂等也连接。在装载前和装载后所有货舱的液位、温度和压力均需测量。

一般岸泵通过三个装载臂将LNG液体经液货总管由固定在泵塔上的注入管注入至舱底，而在装载期间产生的挥发气由气体穹顶上的透气管通过液货系统机房内的挥发气回收空压机从气体回收臂送回岸上接收装置。

在开始装载时，装载速率应适当控制，以便有足够的时间检查，待各项工作正常有序地进行时，可以把装载速率提高到满负荷。如果在装载过程中出现舱内压力上升应通过提高挥发气空压机排量或降低装载速率来控制，以达到液货舱舱内的压力平衡。满负荷装载率为 12 000 m^3/h，装载的全过程约需 12 h。在接近满舱时，装载率也应减少，以限制管系内压力冲击。每一舱内的最大装载容积不超过该舱容积的 98.5%，但NO.3舱可留略大容积以备泄放管子中的残液。一旦岸泵停止，剩留在船上管子内的液体就应通过重力或氮气压力泄放至NO.3舱。在装载货物的同时要排出压载水以维持船的平衡和吃水，同时避免船的结构产生额外的应力。

在集管处的阀门关闭后应小心地除冰、加温和充惰气，并由码头终端站的操作人员拆卸装载臂。为保证阀门和法兰上无冰，船上液货管系中原来处于打开位置的阀，只有在这些管系已经温热以后才能关闭。

在整个装载过程中，液货舱内的压力和温度、液货总管的压力和温度、集管处的压力和温度均在就地和IAS系统有监视。相关的阀门均能在IAS系统内进行控制。为防止液货舱内的压力升高过快，所有装载臂上的遥控阀均设有应急关闭系统。应急关闭系统的功能是在第一时间内在遥控和就地位置通过手动迅速地关闭所有装载臂上的遥控阀，以达到保护液货舱的目的。所有液货舱也通过安全阀保护，安全阀除在装载中起保护作用外，在航行过程和卸载过程中也发挥同样的作用。通过气休穹顶和每舱的主透气管，每舱均有两只安全阀把液货舱和大气连通。可能在整个使用过程中，始终不会开启安全阀，但它是保护液货舱的最后一道屏障。

为防止在装载过程中因气化等原因而导致液货管管内压力升高，在液货管路中任何两只隔离阀之间均应设置安全阀。液货管路的安全阀为弹簧复位式，其排量由管路内的容积计算而确定。所有安全阀的排出口均接至上甲板安全阀总管上，总管的通径为 DN100 mm。安全阀总管在就近位置通过气体穹顶泄放到每只液货舱。

2．LNG 的负载航行

装载结束后，船舶起锚向目的地进发，在从一个码头终端站向另一个码头终端站的长途航行中，在正常航行的情况下，由于货舱的绝缘不足以阻止绝缘层温度的上升，而 LNG 船舶本身并没有制冷设备。液货舱内 LNG 的保温是通过 LNG 气化而实现的。其自然气化率要求每天不大于 0.15%。为有效利用这部分能源。尽可能多地将自然气化的气体代替燃油作为锅炉的燃料，产生的蒸汽作为透平主机、透平发电机和透平给水泵的动力。

3．LNG 的卸载过程

在船舶到达终点码头后，马上进行卸载的准备工作。同装载一样，卸载前岸上工作人员与船上工作人员之间要开一个安全会议。会议后岸上与船上之间的所有安全／通信均需连接，装载臂也连接，在卸载前和卸载后所有货舱的液位、温度和压力均需测量。

同装载不同的是，卸载是通过船上的液货泵把 LNG 液体送至码头终端站的，卸载时同时启动每舱的两台液货泵，通过三根卸载臂送至岸上。

4．船舶大修

如果船舶需要大修，在卸载过程之后，应启动每舱的扫舱泵，尽可能多地把 LNG 泵出舱外，对于不能泵出的液体，应进行气化，然后对液货舱依次进行加热、惰气化和驱气，即通风过程。这几个过程同装载前的几个过程刚好相反，但操作过程基本相似，不再重复。

【任务评价】

学习任务工单

项目	项目五　调试散装运输液化气船舶的专用系统	任务	任务一　散装液化气船舶基本认知
任务描述	20世纪80年代中后期，特别是进入20世纪90年代，天然气作为清洁能源越来越受到人们的重视，从石油代替煤炭作为主要能源，开始转变为由天然气代替石油作为主要能源。因而全球范围内的天然气开采量、运输量和消耗量急剧增加，LNG船的需求量也由此相应增加。		
任务目标	1. 掌握系统的作用及组成。 2. 掌握系统工作原理。 3. 能够控制燃油管系		
任务思考	1. 液化气船舶有哪些？它们主要运送什么介质？ 2. 液化石油气船舶分为哪几种？各自有什么特点？ 3. 液化天然气船舶分为哪几种？各自有什么特点？ 4. 薄膜型和球罐型相比有哪些优势？		
任务实施	1. 学生分组，每小组4～5人。 2. 每个成员按要求设计液化天然石油气的装载过程。 3. 小组经过讨论确定任务结果，每小组由中心发言人陈述，经过全体同学讨论，确定正确结果。 4. 检查总结		
任务总结			
实施人员			

任务评价	任务评分标准				
	序号	考核指标	分值	备注	得分
	1	完成情况	20	在规定时间按时完成上交	
	2	完成质量	50	内容准确、全面、充实	
	3	小组活动参与度	30	高度完成小组角色，与其他成员合作完成任务	
	指导教师：　　　　　日期：　　年　月　日				

【课后练习】

1. 散装液化气船舶有哪些类型？

2. 液化天然气船的装载过程是怎样的？

任务二　调试液货装卸系统

【任务描述】

根据任务一的介绍，液货装卸系统必须具有完成干燥、惰化、挥发气注入、冷却、装载过程等功能。因而该系统是液化气船上最主要的系统。由于装载的天然气品种不同，系统的设置也可能有些不同，但基本的要求是一致的。下面以沪东中华造船（集团）有限公司建造的147 210 m³ 薄膜型液化天然气船的液货装卸系统为例进行介绍。

【知识充电站】

一、系统的组成

该系统由货舱管系、甲板管系、液货系统机房管系组成。图 5-2-1 所示为该系统的简图。

调试液货装卸系统

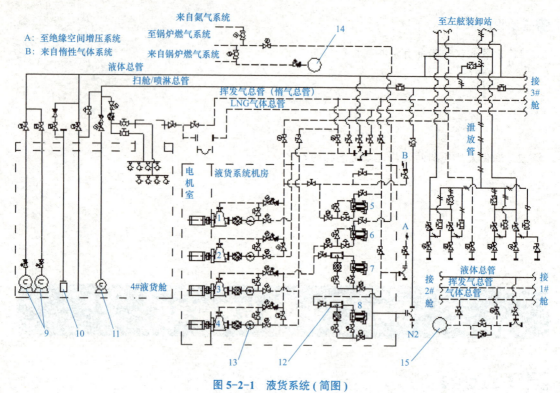

图 5-2-1 液货系统（简图）

1，2—挥发气回收（高排量）压缩机；3，4—燃气（低排量）压缩机；5—升温加热器；
6—燃气加热器；7—强制汽化器；8—LNG 汽化器；9—低温液货泵；10—根阀；
11—扫舱/喷淋泵；12—气体抽逐器；13—流量计；14—4#透气舱；15—1#透气舱

1. 货舱管系

液化天然气装载的货物为 $-163\ ℃$ 的液态天然气，其压力为 $105\sim110\ kPa$（绝对压力），比大气压略微高一点，因此 LNG 的装载、运输、卸载等过程都在超低温状态下进行，为了使薄膜型液化天然气船的液货舱保持良好的绝缘，在货舱的顶部均设有两个安装各种管路的穹顶：一个是液体穹顶；另一个是气体穹顶。

（1）液体穹顶。液体穹顶位于液货舱的尾部，同泵塔组成一个整体紧靠于后舱壁。液体穹顶处主要布置有两根液货泵排出管接口、一根带根阀的应急液货泵通道、一根扫舱泵排出管接口、一根注入管、液位测量系统的雷达机座及雷达导管、手动浮子式液位测量仪机座及浮子导管、取样管接口、人孔及电缆管等。

所谓泵塔是以两根液货泵排出管（$DN400\ mm$）和一根应急液货泵通道（$DN600\ mm$）为基本骨架，组成自下而上三角形的构架，三根管子之间用结构件连接起来，中间还设有平台以及上下的梯子，其他的管子都沿着它敷设，两台液货泵和一台扫舱泵安装在它的底部，形成一个整体。图 5-2-2 所示为泵塔。

泵塔是人员进入液货舱内的唯一通道，也是所有经液体穹顶进入液货舱的管子的唯一支撑。整个泵塔是在车间内预先制造完工后，再整体吊入舱内的。泵塔的材料一般为不锈钢 SUS304L。

两根液货泵排出管的下部装有两台液货泵，用于将液货舱内的液货排至岸上。应急液货泵通道下部装有根阀，在应急情况下可以用手提式液货泵抽吸舱内的液货。扫舱泵排出管用于扫舱和液货舱冷却时为喷淋管提供液化天然气。注入管既可用于岸上液态天然气的注入管，也可用于液货舱升温时，常温天然气的注入管。雷达导管用于测量液舱内的液位、温度和压力等，而手动浮子式液位测量仪机座及浮子导管是根据 IMO（国际海事组织）规定，LNG 船必须设置的第二套液位测量系统。它由测量仪、闸阀和导管组成。测量仪与闸阀之间设在短管，并开有安装取样阀的接口，以检查 LNG 是否泄漏。

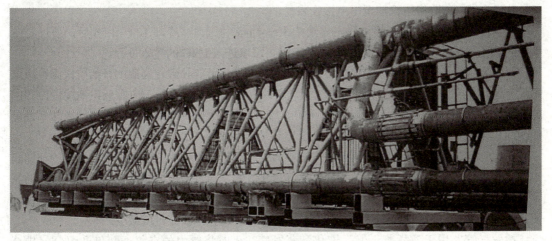

图 5-2-2　泵塔

（2）气体穹顶。气体穹顶一般位于液货舱中部靠前的位置，并高于液货舱顶板，因而所有管路均从穹顶的侧面进入液货舱。通过气体穹顶进入舱内的管路有两根喷淋管、一根 LNG 挥发气管路、两根液货舱的安全阀管路、一根安全阀的释放管路、两根取样管接口和判断安全阀是否启动的压力导入管。由于喷淋管等进入舱内无所依靠，同时考虑到绝缘的要求，在气体穹顶下部设有一根圆柱。图 5-2-3 所示为气体穹顶典型。

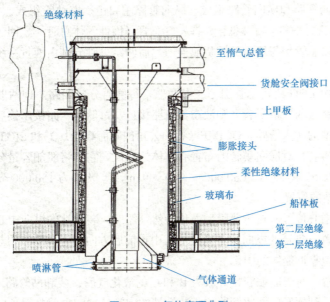

图 5-2-3　气体穹顶典型

喷淋管有两个作用：一是新船在正式注入液化天然气前，液货舱必须经过冷却的过程。

从岸上来的液化天然气经扫舱/喷淋总管通至舱内的喷淋管，喷入液货舱，液化天然气气化时吸收热量，对液货舱进行冷却。二是船舶在压载航行过程中，必须使液货舱的温度维持在 -110 ℃左右，也需要通过喷淋管向货舱内喷射液化天然气来实现，此时蒸发的天然气可以送至机舱作为锅炉的燃料。

新船进行冷却操作时，喷淋所产生的 LNG 挥发气经舱顶部气体穹顶的透气管由 LNG 挥发气总管经挥发气回收空压机抽至岸上接收装置。

为获得最佳喷淋效果，喷淋管内需维持 3～4 bar 的压力。冷却 10～12 h 后，通过 CTS 系统的温度传感器在液货舱底部测得 -130 ℃时，可以进入 LNG 的注入过程。

因为液货舱冷却较快，而绝缘层冷却较慢。冷却太快可能导致在装载的开始阶段因绝缘层还没有达到相应的温度而使 LNG 过度气化，所以在冷却的开始阶段，应有意识地减慢冷却速度，以使绝缘层有足够的时间随液货舱一同冷却。在开始的第一小时，10 ℃/h 的冷却率是最佳的冷却速度，之后冷却率保持为 20～25 ℃/h 直至冷却结束。

在货舱冷却的最后 1 h 时甲板上液体管要同时被冷却。值得注意的是，在液货舱冷却期间绝缘层空间的温度也将迅速降低，期间的氮气也将收缩，通过两根取样管检查两绝缘层内的氮气压力，补偿由冷却引起的收缩是非常重要的。另外在整个冷却期间货舱的压力也将被监视，使其控制为 10～15 kPa（表压），若达到 20 kPa，输入的 LNG 流量应减少。

挥发气管路用于液货舱干燥、惰化和蒸发气注入时将舱内的空气、惰气和混合气排至大气。

由于液化天然气船装载的为 -163 ℃的液态天然气，因而一旦发生泄漏或温度上升，它都会迅速膨胀，由液体变成 600 多倍体积的气体，故船上有一套十分复杂的安全阀和扫气系统。气体穹顶上的安全阀是为防止液货舱的内超压而设置的。另外对于两端装有阀件的液货管路，必须在管路中设置安全阀。安全阀的排量根据管路的大小和长短计算而确定。

2. 甲板管系

甲板管系由纵向管路和横向管路组成。纵向管路主要由六路总管组成，它们是 LNG 液体总管、LNG 气体总管、扫舱/喷淋总管、挥发气总管（惰性气体总管）、回气接岸总管和锅炉用燃气总管。前四路总管均与所有的液货舱连通，后两路总管分别由液货系统机房接至装卸站和机舱。

横向总管主要由 LNG 液货总管引至左右两舷，每侧再分成四路，即两舷共有八只装卸接口，加上蒸发气管路（回气接岸管）和液态氮管路接口，每舷有六路接岸接口。除了液货管路外，还有柴油及燃油的注入管路。OCIMF（石油公司国际海事论坛）和 SIGTTO（国际气体运输船和码头经营人协会）对横向集管的布置有具体的建议。它们将船舶容量分为三个等级，等级 A 为 59 999 m³ 以下，等级 B 为 60 000～149 999 m³，等级 C 为 150 000 m³ 以上。

（1）液货装卸站的位置。

①装卸站纵向中心位置。对于薄膜型液化天然气船舶，装卸站的纵向中心应尽可能接近于船舶总长的中点位置。集管的纵向中心离开船长中点前后方向的距离均不得超过 5 m。对于球罐型船也应尽可能地靠近船体的中部。

②装卸站的布置。对于船舶容量等级为 B 和 C 的液化气船，装卸站管路的布置如图 5-2-4 所示。从图中可以看到挥发气回收管路位于装卸站的中间位置，也就是船长的中点位置，液态氮注入管位于它的后部，而四根液货管路分别在它们的前后，最边上的是柴油和燃油注入管路。对于等级为 A 的液化气船，布置要求的不同之处仅是减少两路液货管。

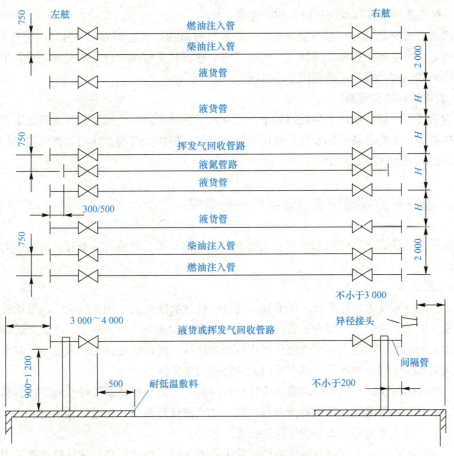

图 5-2-4 装卸站管路布置

船内法兰,即集管连接法兰,离船舷的距离都不得小于 3 m 也不大于 4 m。如果在间隔管外侧必须安装管接头或异径接头,则其外侧的法兰离船舷的距离也不得小于 3 m。在切实可行的情况下,除液氮管外,所有的法兰面应在一条直线上。间隔管、管接头和异径接头等的长度视它们的直径而定,但应为拆装它们自己、支架及串联滤器等留有足够的空间。

集管法兰的底边与甲板或者作业平台上缘之间的距离应当为 900 mm,必要时可以增大,但在任何情况下都不得超过 1 200 mm。

集管的法兰应垂直于甲板,法兰为带颈对焊凸法兰,符合 ASME(美国机械工程师学会)/ANSI(美国国家标准学会)B16.5-CLASS(级)150 的要求。装卸站液货管法兰中心间距 H 及法兰的尺寸要求见表 5-2-1。表中 H 的尺寸为推荐的最小距离,可以增大,但增大量不得超过 0.5 m。

表 5-2-1 间距及主要法兰尺寸

船舶容量	H/m	液体管路法兰尺寸/″	挥发气管路尺寸/″
等级(A)	2.5	12	12
等级(B)	3.0	16	16
等级(C)	3.5	20	20

(2) 对装卸站集管阀及阀执行机构的要求。

建议所有的阀都装有与应急截止系统连接的执行机构。集管阀的关闭时间应符合 SIGTTO 的有关规定。为了保护阀和这些装置之间的管路，在每只集管阀的外侧应安装一只其出口与液货舱连接的卸压阀。焊接式的阀优于法兰阀。

3. 液货系统机房管系

液货系统在甲板上靠近上层建筑的地方设有液货系统机房，内部装有为该系统服务的压缩机和加热器等。主要设备有挥发气回收压缩机、燃气压缩机、升温加热器、燃气加热器、强制汽化器、LNG 汽化器等。

二、国际有关规则对液货管系的一些要求

国际散装运输液化气体船舶构造和设备规则（简称 IGC）对液货管系有一些特殊的要求，现简述如下。

1. 一般要求

（1）管路应采取诸如补偿管、环形管、弯管、机械膨胀接头（如波纹管）、滑动接头和球形接头或类似的适当装置，以保护管路、管系部件和液货舱免受由于热变形及液货舱和船体结构件移动而引起的过大应力。当管路中采用机械膨胀接头时，应使接头的数量尽量减至最少。若膨胀接头需位于液货舱外面，则应采用波纹管式的膨胀接头。

（2）应对低温管路与其邻接的船体构件进行隔离，以防止船体温度降低到船体材料的设计温度以下。当液体管路需经常被拆开或预计其可能有液体泄漏时（如通岸接头处和货泵轴封处等），则应对其下方的船体部分提供保护措施。

（3）当在液货舱或者管路与船体结构间采用热隔离时，则对管路和液货舱均需采取电气接地措施。对所有具有密封垫片的管接头和软管接头也均需做电气连接。

（4）应有适当措施，以便在断开货物软管前释放管路中压力，并把货物装卸的转换联箱和货物软管所含的液体排至液货舱或其他适当的处所。

（5）在充满液体情况下，对能被隔断的所有管路和部件均应装设释放阀。

（6）应将从货物管系的释放阀排出的液货排入液货舱；或者设有能探测和处理可能流入透气系统中任何液货的设施，则也可将液货排入透气总管。应将从液货泵的释放阀排出的液货排至泵的吸口。

2. 液货管管子壁厚

（1）液货管系管子的基本壁厚计算公式为

$$\delta_0 = PD/(2[\sigma]e+P)$$

式中 δ_0——基本计算壁厚（mm）；

P——设计压力（MPa）；

D——管子外径（mm）；

$[\sigma]$——管材许用应力（N/mm²）；

e——焊接有效系数。对无缝钢管及等效于无缝钢管的焊接管，$e=1$。其他情况由主管机关决定。

（2）管子最小壁厚计算公式为

$$\delta = (\delta_0+b+c)/(1-a)$$

式中　　δ——最小计算壁厚（mm）；

　　　　δ_0——基本计算壁厚（mm）；

　　　　b——弯曲附加余量（mm），b 值的选取，应使管子仅在内压作用时，其弯曲部位的计算应力不超过材料的许用应力，如未做出这种证明，则 $b \geq 0.4D\delta_0/R$；

　　　　R——平均管子弯曲半径（mm）；

　　　　c——腐蚀余量（mm），如果预计会受到腐蚀或浸蚀，则管壁厚度应适当增加，所增加的余量应考虑到管子的使用寿命；

　　　　a——制造负公差与管子公称壁厚之比。

由以上计算公式可知，液货管管子壁厚的计算公式基本上与普通钢管相同，区别仅在于必须考虑管子的负公差。同时设计压力和许用应力的选取有特殊的要求。

（3）设计压力。设计压力 P 是指该系统在工作中的可能达到的最大压力（MPa）。

①对于管路、管系和部件，当适用时，应采用下列设计情况中的最大压力值：

a. 对于可能与其释放阀隔离并可能含有一些液体的蒸发气管系或部件，应为 45 ℃时的饱和蒸发气压力。如经主管机关同意，也可为较高或较低的压力。

b. 对于可能与其释放阀隔离并在任何时候仅含有蒸发气的管系或部件，应为 45 ℃时的过热蒸发气压力。如经主管机关同意，也可为较高或较低的压力，此时，假定系统中饱和蒸发气的初始状态是该系统的工作压力和工作温度。

c. 液货舱和货物处理系统的释放阀的最大允许调整值（Maximun Allowable Relief Valve Setting）。

d. 相关的泵和压缩机的释放阀的调整压力。

e. 在装卸时货物管系的最大总压力。

f. 管路系统的释放阀的调整压力。

②设计压力应不小于 1 MPa，但对管端敞开的管路，其设计压力应不小于 0.5 MPa。

③对于法兰、阀件和其他附件，应按上述设计压力，选用主管机关接受的标准。对于蒸发气管路中的波纹管膨胀接头，主管机关可同意采用较低的设计压力。

（4）许用应力。液货管系管壁厚度计算公式中的许用应力 $[\sigma]$ 应取下列两式计算值的较小者：

$$\sigma_b/A \text{ 或 } \sigma_s/B \quad (A \geq 2.7；B \geq 1.8)$$

式中　　σ_b——室温下材料的最低抗拉强度（N/mm²）；

　　　　σ_s——室温下材料的最低屈服强度或 0.2% 条件屈服强度（N/mm²）；

当设计温度为 −110 ℃或更低时，对管系的每一分支，应向主管机关提交一份考虑到由于管子的质量，包括较大的加速度负荷、内部压力、热收缩以及船舶中拱和中垂引起的荷载等所产生的所有应力的完整的应力分析资料。当设计温度高于 −110 ℃时，主管机关的要求应力分析资料的内容可为诸如管系的设计或刚度，以及材料的选择等。在任何情况下，即使不提交计算书，也应考虑应力。对上述的应力分析可按主管机关所接受的常用规则进行。

3. 液货管管子材料

管系材料应按最低设计要求进行选择，根据 IGC 规则要求，可以采用 304、304L、316、316L、321 和 347 不锈钢作为管子的材料。也可以选择含 9% 的镍钢（需经过热处理并不适合铸件）或铝合金作为管子的材料。

不应将熔点低于 925 ℃的材料用于液货舱以外的管路，但与液货舱连接的短管除外，此时应设置耐火隔热层。

4. 货物系统装阀要求

（1）对于每一货物管系和液货舱，均应根据其需要设置下列阀件：

①对 MARVS 不超过 0.7 MPa 的液货舱，除安全释放阀和液位测量装置以外，在其所有液体和蒸发气的连接管上均应设有截止阀，截止阀的位置应尽可能靠近液货舱。可以对这些阀进行遥控，但应能就地手动操作并能将其完全关闭。在船上应设有一个或多个遥控应急截止阀，用以切断船—岸之间的液体和蒸发气货物的驳运。对这些阀，可根据船舶设计要求进行布置。

②对 MARVS 超过 0.7 MPa 的液货舱，除安全释放阀和液位测量装置以外，在其所有液体和蒸发气的连接管上均应设有一个能手动操作的截止阀和一个应急截止阀。这些阀应尽可能靠近液货舱。当管径不超过 50 mm 时，可用超流量阀代替应急截止阀。若一个单独的阀符合下述（4）点的要求，又能对其就地手动操作并将管路完全关闭则可用这个单独的阀代替两个分开的阀。

③如①和②所要求的应急截止阀是通过下述（4）所要求的应急截止阀系统进行关闭时，则应将货物泵和压缩机布置成使它们能自动关闭。

（2）对于仪表或测量装置与液货舱的连接管，不必设置超流量阀或就应急截止阀，但这些装置的结构应能保证液货舱内货物的外流量不超过直径为 1.5 mm 圆孔的流量。

（3）在所用的每根货物软管接头处，均应设置一个遥控应急截止阀。对于驳运作业中不使用的接头，可用盲板法兰予以盲断，以代替截止阀。

（4）应将用于所有应急截止阀的控制系统布置成能对所有应急截止阀可以在船上至少两个距离的位置用单独的控制装置进行操作。其中一个为 IGC 规则 1.3.1.3 所要求的控制位置或货物控制室。该控制系统中还应设有能在温度为 98 ℃～ 104 ℃熔化的易熔元件。在万一发生火灾时，易熔元件熔断后会使应急截止阀关闭。这些易熔元件所在的位置应包括液货舱气体穹顶和装货站。应急截止阀应为故障关闭（动力消失时关闭）型，并且能就地对其进行手动关闭。在所有工作情况下，应能在 30 s 的动作时间内完全关闭液体管路中的应急截止阀。应将有关这些阀的关闭时间及其工作特性的资料保存在船上，以便随时查用。同时应对阀的关闭功能进行核实并能加以重视。此类阀应能平稳地关闭。

（5）超流量阀在达到制造厂规定的蒸发气或液体的额定关闭流量时应自动关闭。包括由超流量阀保护附件、阀和附属设备的管路应具有比超流量阀的额定关闭流量大的容量，应在超流量阀上设计一个直径不超过 1.0 mm 的圆形旁通孔，以便在超流量阀关闭后能使压力保持平衡。

【任务实施】

下面介绍液货系统原理，为了叙述上的方便，我们按液货的装载过程进行介绍。

1. 液货舱的干燥

船舶交付使用后，在装载液化气之前要对液货舱及管路进行一系列的处理，第一步就是干燥处理。

为了防止在液货舱内因空气中的水蒸气在低温下凝结成固态冰而对液货泵、阀门等产生破坏作用，必须对液货舱进行干燥处理，即降低货舱空气的露点，尤其是在夏季较潮湿的季节。干燥的过程是将惰气发生器中产生的干燥空气通过管路充入货舱。但由于自然空气的密度在不同的季节是不同的，即在夏季干空气比自然空气密度大，而在冬季干空气比自然空气密度小，因而必须采用不同的方法对液货进行干燥。图 5-2-5 中粗线条所示为夏季时的操作方法，从惰气发生器来的干空气经液货总管从注入管进入舱底，而干湿混合气体经气体穹顶从上部的 LNG 挥发气总管由船艏的主透气舱 15 排出。而图 5-2-6 中粗线条所示为冬季时的操作方法，从惰气发生器来的干空气经惰气总管（挥发气总管）从气体穹顶进入舱的顶部，而干湿混合气体从舱底通过注入管经 LNG 液体总管由船艏的主透气舱 15 排出。

从每舱液体穹顶的取样管中取得空气的样品，当舱内露点达到商定的温度（一般为 –20 ℃ ~ –40 ℃），货舱内的干燥过程完成，可以进行下一步操作。

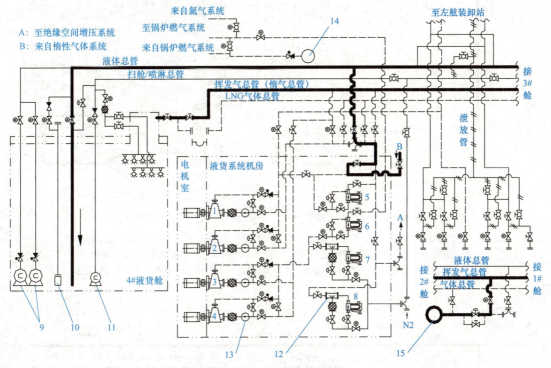

图 5-2-5 液货系统（简图）——夏季期间对液货舱进行干燥处理
1、2—挥发器回收（高排量压缩机）；3、4—燃气（低排量）压缩机；5—升温加热器；
6—燃气加热器；7—强制汽化器；8—LNG 汽化器；9—低温夜货泵；10—根阀；
11—扫舱 / 喷淋泵；12—气体抽逐器；13—流量计；14—4# 透气舱；15—1# 透气舱

2. 液货舱的惰化

惰化过程包括甲板上液货管的惰化、液货舱及舱内管路的惰化、液货系统机房内管路和至机舱锅炉的供气管路的惰化。在对液货舱进行惰化的过程中，可同时进行管路的惰化工作。

图 5-2-5 所示也是利用船上装置对液货舱进行惰化的方法，由于惰气比空气密度大，这时惰气发生器所产生的惰气，通过注入管进入液货舱的底部，而空气从气体穹顶通过船艏的透气舱 15 排出。

图 5-2-7 是利用岸上的液氮对液货舱进行惰化的系统运行状态。

岸上的氮气通过专门的注入口注入，如图 5-2-7 所示。也可以通过装卸站的挥发气注入口（图中最左边的一根注入管）注入。

岸上的氮气注入后，经过 LNG 汽化器（也称为 LNG 蒸发器）8 和 LNG 液体总管及每舱的注入管进入液货舱底部。同样舱内的空气通过挥发气总管和主透气舱 15 排出。

惰化结束时，按体积计算气体状况，氧气最多占 5%，惰气最少占 95% 或按商定比例。

167

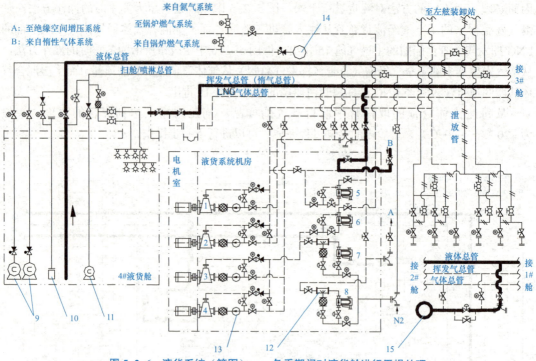

图 5-2-6 液货系统（简图）——冬季期间对液货舱进行干燥处理

1、2—挥发器回收（高排量压缩机）；3、4—燃气（低排量）压缩机；5—升温加热器；
6—燃气加热器；7—强制汽化器；8—LNG 汽化器；9—低温夜货泵；10—根阀；
11—扫舱/喷淋泵；12—气体抽逐器；13—流量计；14—4# 透气舱；15—1# 透气舱

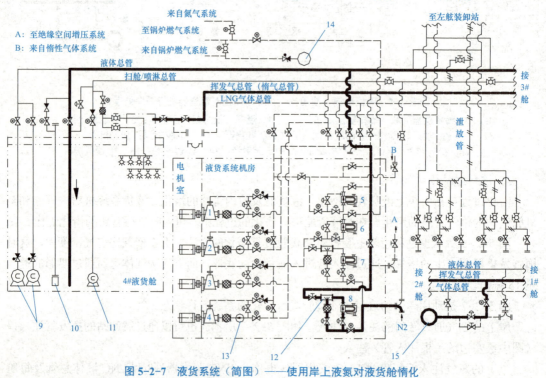

图 5-2-7 液货系统（简图）——使用岸上液氮对液货舱惰化

1、2—挥发器回收（高排量压缩机）；3、4—燃气（低排量）压缩机；5—升温加热器；
6—燃气加热器；7—强制汽化器；8—LNG 汽化器；9—低温夜货泵；10—根阀；
11—扫舱/喷淋泵；12—气体抽逐器；13—流量计；14—4# 透气舱；15—1# 透气舱

3. 挥发气的注入

液货舱惰化过程完成，船舶到达装载港后，首先要用 LNG 挥发气置换舱内的惰气。这是由于惰气中含有 CO_2 气体，它在温度低于 -70 ℃时将变为粉状，为此在货舱冷却之前，必须用环境温度的货物蒸汽（LNG 挥发气）来置换舱内的惰气。

图 5-2-8 所示为用挥发气置换惰气时的状态。通过与码头终端站上的输入管相接，将 LNG 液体经船上的扫舱/喷淋总管送至机房内的 LNG 汽化器 8，使之变成 LNG 蒸汽。因为 LNG 蒸汽的密度比惰气小，所以在用 LNG 蒸汽置换舱内的惰气时，通过挥发气总管送到气体穹顶进入舱的上部。在初始置换阶段，主要是惰气的排出，所以可以通过 LNG 注入管、液体总管和船艏的透气桅直接排至大气。但经过一段时间后，排出的是 LNG 蒸汽和惰气的混合气，不能直接排至大气（这是由于船舶靠在码头边上，会产生危险），必须进行回收和处理。如图 5-2-5 所示，混合气体从舱内排出进入 LNG 液体总管，在连接可拆弯管后，送至挥发气回收空压机 1，压缩后通过挥发气回收排出管与终端站上的燃烧塔相接。当舱内的 CO_2 含量低于 500 ppm 时为止，或达到当地管理机关和岸上终端站的要求，置换过程结束。全过程大约需要 20 h。如果采用氮气作惰性化介质，置换到露点低于 -75 ℃为止。

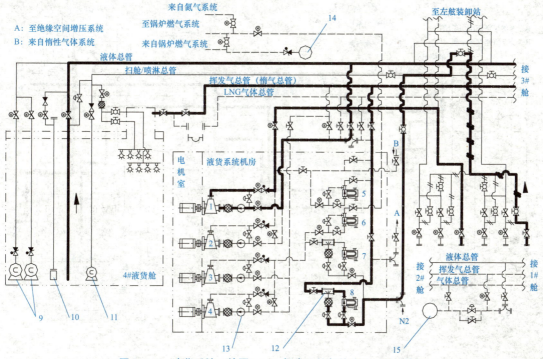

图 5-2-8　液货系统（简图）——挥发天然气的注入：置换惰气
1、2—挥发器回收（高排量压缩机）；3、4—燃气（低排量）压缩机；5—氏温加热器；6—燃气加热器；7—强制汽化器；8—LNG 汽化器；9—低温夜货泵；10—根阀；11—扫舱/喷淋泵；12—气体抽逐器；13—流量计；14—4# 透气舱；15—1# 透气舱

4. 液货舱的冷却

为了避免在初始装载期间，由于低温的 LNG 液体与舱内的环境温度相差很大，LNG 液体会很快气化，使液舱内产生过压，发生危险。因此在正式装载之前，液货舱及四周的绝缘必须有一个冷却过程。

冷却的方法如图 5-2-9 所示。将岸上供给的 LNG 液体通过扫舱/喷淋管经布置在舱顶边的喷淋管直接喷至舱的中心。在喷淋过程中，因LNG液体的气化而吸收周围的大量热量，达到对液货舱的冷却。这些冷却的气体通过对流又使液舱四周的因瓦钢（不胀钢）薄膜和绝缘得到冷却。喷淋所产生的LNG挥发气经与气体穹顶相接的挥发气总管送到安装在液货系统机房内的挥发气空压机，然后通过挥发气回收排出管送到岸上的接收装置。

为获得最佳喷淋效果，喷淋管内需维持 $0.3 \sim 0.4$ MPa 的压力。冷却 $10 \sim 12$ h 后，通过CTS系统（液货舱液货测量系统，Custody Transfer System）的温度传感器在液货舱底部测得温度达到 -130 ℃时，才可以进入正式的注入装载过程。

在冷却过程中，由于液货舱冷却较快，而绝缘层冷却较慢，所以要照顾到绝缘层的冷却，使它们能同步冷却。如果冷却的速度太快，绝缘层的温度没有达到要求，在LNG装载的开始阶段会因绝缘层还没有达到相应的温度而使LNG液体过度汽化，产生危险。所以在冷却的开始阶段，应有意识地减慢冷却的速度，以使绝缘层有足够的时间随液货舱一同冷却。一般来说，在开始的第1小时，温度下降10 ℃是最佳的冷却速度，之后冷却速度可保持为 $20 \sim 25$ ℃/h，一直至冷却过程结束。

在液货舱冷却过程结束前1小时，应同时对甲板上的液体总管进行冷却。

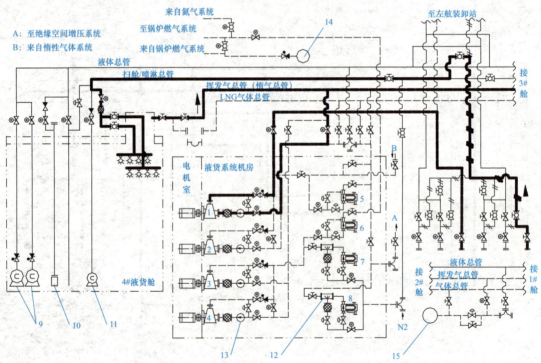

图 5-2-9　液货系统图（简图）——液货舱和液货管路的冷却
1、2—挥发器回收（高排量压缩机）；3、4—燃气（低排量）压缩机；5—升温加热器；
6—燃气加热器；7—强制汽化器；8—LNG汽化器；9—低温液货泵；10—根阀；
11—扫舱/喷淋泵；12—气体抽逐器；13—流量计；14—4#透气舱；15—1#透气舱

在冷却过程中，要注意对液货舱内及绝缘层内的压力的监控，液货舱内的压力应保持在 $10 \sim 15$ kPa（表压），若压力达到20 kPa，输入的流量应减少。同时，由于绝缘层空间温度的迅速下降，绝缘层空间内所填充的氮气因收缩而压力下降，通过压力控制系统及时补偿氮气，保持绝缘空间内的氮气压力是非常重要的。

以上四个过程，均为船舶进行液化气装载试验前，或船舶交付船东后，初次进行LNG液化气的装载前，或船舶进行大修后，再次投入运行前所在做的工作。对于处于正常运营中船舶，其液货舱必须保持在冷却的状态，所以不必经过这四个过程。

5．LNG 的装载

准备工作完成后，就可以进入正式的 LNG 液货的装载，装载的方法如图 5-2-10 所示。其原理比较简单，而且与成品油轮的原理相似。

终端站的岸泵通过装载臂将 LNG 液货输送到船上，船舶装卸站通过 LNG 液体总管和每舱的注入管注入至舱底。而装载期间产生的挥发气由气体穹顶上挥发气总管输送到设于甲板上的液货系统机房内的挥发气回收空压机，再通过气体回收臂送回岸上的接收装置。

装载过程中主要控制装载的速度和液货舱内的压力，可以通过调节挥发气回收空压机的排量或控制装载速率来达到。具体要求和其他的一些注意事项在每节中已经有叙述，这里不再重复。

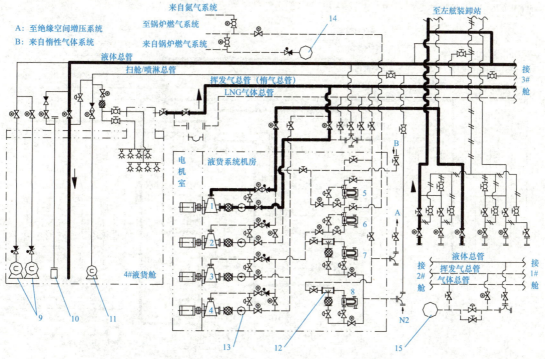

图 5-2-10　液货系统（简图）——LNG 液货的装载
1、2—挥发器回收（高排量压缩机）；3、4—燃气（低排量）压缩机；5—升温加热器；
6—燃气加热器；7—强制汽化器；8—LNG 汽化器；9—低温液货泵；10—根阀；
11—扫舱/喷淋泵；12—气体抽逐器；13—流量计；14—4# 透气舱；15—1# 透气舱

6．LNG 的航行

装载结束后，船舶进入航行阶段。在航行中，由于货舱的绝缘不足以阻止货舱内温度的上升，而船舶上又没有专门的液货制冷装置，因而液货舱内 LNG 的保温是通过 LNG 自身的气化来实现的。一般要求液货的自然气化率为每天不大于 0.15%，为有效利用这部分能源，LNG 船一般都尽可能多地将自然汽化的液化气代替燃油作为船舶各种设备的燃料，其中主要是作为主机和柴油发电机原动机的燃料。因而 LNG 船的动力装置中主机可采用蒸汽轮机、双燃料（液化气和燃油）柴油机或采用电力推动，但柴油发电机均可使用双燃料的柴油机。

图 5-2-11 所示为挥发气作为燃料时的系统工作状态。这时有两种情况：一是自然气化的挥发气能满足动力装置的需求，而且往往还有多余；二是自然气化的挥发气不能满足动力装置的需求。

在第一种情况下，自然气化的挥发气通过与气体穹顶连接的挥发气总管引至液货系统机房内的燃气空压机,将挥发气压力从 6 kPa 提高到 100 kPa,然后送到燃气加热器,将挥发气的温度提高到达 25 ℃,最后通过管路进入用气设备作为燃料。如果液化气的汽化量大于锅炉等设备的消耗量,货舱内压力将上升,必须通过 LNG 气体总管引至船舶的主透气桅 15 放入大气。

在第二种情况下,汽化量不足,则根据实际情况采用两种方法解决:一是不足部分使用其他燃料,如柴油或燃油;二是认为燃烧液化气比燃烧油更经济,或船舶上没有足够的油供燃烧,只能使用液化气,则如图 5-2-8 所示,采用强制气化的方法来得到液化气。启动扫舱/喷淋泵,将液态的天然气抽至强制汽化器使用其气化,温度从 –163 ℃升至 –40 ℃左右。然后进入燃气加热器,将温度提高到约 25 ℃,最后通过管路进入用气设备作为燃料。

航行期间,为了保证液舱内的温度维持在 –163 ℃左右,必须对液货舱进行冷却,每隔一定时间,应启动扫舱/喷淋泵,把 LNG 液体通过喷淋管再喷入货舱上部,以达到对液货舱保温的作用,如图 5-2-12 所示。

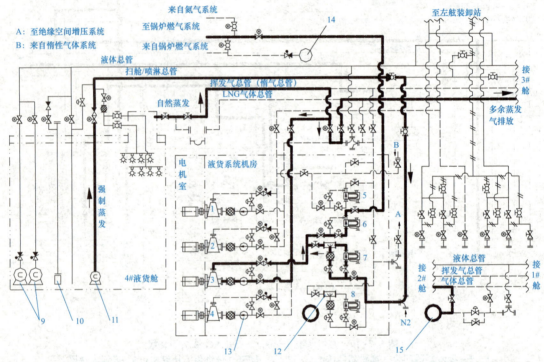

图 5-2-11 液货系统(简图)——供锅炉燃烧:自然蒸发(含多余蒸发气排放)和强制蒸发状态
1、2—挥发器回收(高排量压缩机);3、4—燃气(低排量)压缩机;5—升温加热器;
6—燃气加热器;7—强制汽化器;8—LNG 汽化器;9—低温液货泵;10—根阀;
11—扫舱/喷淋泵;12—气体抽逐器;13—流量计;14—4# 透气舱;15—1# 透气舱

7. LNG 的卸载

在船舶到达终点码头后,进行卸载工作,此时系统的工作状态如图 5-2-12 所示。液化天然气船的每个货舱都设有独立的液货泵。一般设两只货油泵,一只扫舱/喷淋泵。全船还备有一台应急液货泵,它可以通过预先安装在舱内的管子放到舱底与根阀 10 连接,实现抽吸液货的功能。做好准备工作后,启动液货舱内的两台液货泵,通过 LNG 液体总管和与岸连接的装载臂送到岸上。在卸载的同时,LNG 挥发气从岸上通过气体回收臂送至船上液货舱内,以补充舱内的压力。可以不经过 LNG 汽化器,但如果岸上来的气体量不足,则应补充一定的液体,经 LNG 汽化器后进入液货舱。

在卸载过程中，应引起注意的是，为了维持船舶的平衡和吃水，也为了避免结构上额外的应力，在卸载的同时必须注入压载水。与其他货船不同的是，每次卸载不能清空舱所有的货物，必须预留一部分货物在舱内，其目的是用于空载返航期间，利用扫舱/喷淋泵对液货舱进行冷却，确保船舶到达装货港时，液货舱内的温度保持在 −110 ℃左右，这样停靠码头后可直接装载液化气。

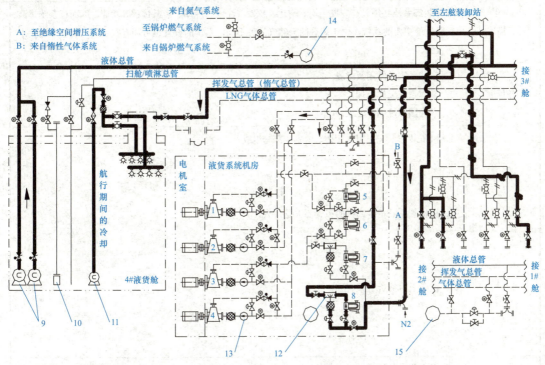

图 5-2-12　液货系统（简图）——卸载和航行期间液舱的冷却
1、2—挥发器回收（高排量压缩机）；3、4—燃气（低排量）压缩机；5—升温加热器；
6—燃气加热器；7—强制汽化器；8—LNG 汽化器；9—低温夜货泵；10—根阀；
11—扫舱/喷淋泵；12—气体抽逐器；13—流量计；14—4# 透气舱；15—1# 透气舱

8. 船舶大修期间的操作

如果船舶需要大修，则在卸载以后，船舶即离开终端站前往修船厂。在航行途中可进行以下几个过程的操作。与装载前的过程正好相反，有气化、加热、惰气化和驱气通风等。

气化和加热过程实际上是同时连续进行的，在这两个过程的开始阶段，布置在液货系统机房内的挥发气回收压缩机经液货舱气体穿顶从货舱内吸出液化气，并送至升温加热器加热后再注入液货舱，向舱内吹进热气，使 LNG 气化。气化过程产生的气体作为燃料在锅炉内燃烧掉。在全部液化气气化之前称为气化过程，之后称为加热过程。加热过程不仅是对液货舱的加热，也是对绝缘层的加热。在引入惰气和空气进舱前，必须将主绝缘层和次绝缘层加热至环境温度，这是为了防止惰气中的二氧化碳析出和空气中的水的凝结。当舱底温度达到 0 ℃时，加热过程可以停止。

然后进行惰化过程，由惰气发生器来的惰气，由于其比 LNG 气体密度大，通过注入管被送入舱底，LNG 蒸汽与惰气的混合气通过船舶透气管排至大气，但在开始阶段由于气体的活塞效应，排出的主要是 LNG 气体，也可以送至锅炉中燃烧掉。当舱内和管路中的 LNG 含量低于 2% 时，可以进行驱气通风的过程，将惰性气体发生器产生的干燥空气注入舱内，当舱内的含氧量 ≥ 20% 时，驱气过程结束。此时，进坞大修前的准备工作也全部完成，在由专门的"化验师"进行验收，并出具"驱气证书"以后，方可进行其他工作。

● 【任务评价】

学习任务工单

项目	项目五　调试散装运输液化气船舶的专用系统		任务	任务二　调试液货装卸系统	
任务描述	液货装卸系统必须具有完成干燥、惰化、挥发气注入、冷却、装载过程等功能。因而该系统是液化气船上最主要的系统。由于装载的天然气品种不同，系统的设置也可能有些不同，但基本的要求是一致的				
任务目标	1. 掌握系统的作用及组成。 2. 掌握系统工作原理。 3. 掌握国际规则和要求				
任务思考	1. 液货装卸系统作用是什么？由哪些部分组成？ 2. 甲板管系液货装卸站的布置要求是什么？ 3. 国际上对液货管系有哪些要求？				
任务实施	1. 学生分组，每小组 4～5 人。 2. 每个成员按要求绘制液货装卸系统工作路径。 3. 小组经过讨论确定任务结果，每小组由中心发言人陈述，经过全体同学讨论，确定正确结果。 4. 检查总结				
任务总结					
实施人员					
任务评价	任务评分标准				
	序号	考核指标	分值	备注	得分
	1	完成情况	20	在规定时间按时完成上交	
	2	完成质量	50	内容准确、全面、充实	
	3	小组活动参与度	30	高度完成小组角色，与其他成员合作完成任务	
	指导教师：　　　　　日期：　　　年　　月　　日				

● 【课后练习】

1. 液货装卸系统由哪些部分组成？作用分别是什么？

2. LNG 船舶在卸载过程中要注意什么？

任务三　其他系统简介

【任务描述】

在液化气船舶上还有许多特殊的系统，如惰气及干燥空气管系、绝缘空间扫舱管系、氮气管系、可燃气体探测管系、消防水喷淋管系、液货舱液位遥测系统、液货区干粉灭火系统、隔离空舱加热系统、液货舱安全阀系统、液货管路的安全阀及吹洗管系、应急关闭系统、锅炉水分析系统、过热蒸汽系统、减热蒸汽和饱和蒸汽系统、中间撤汽和排汽系统、高压水雾系统等。

【知识充电站】

一、隔离空舱加热系统

1. 系统的用途

隔离空舱加热系统的目的是使隔离空舱内维持一定的环境温度，一般要求不低于 5 ℃，以保证船体结构在设计温度下有足够的强度，确保船舶的运行安全。

该系统的设计条件是，空气温度 −18 ℃、海水温度为 0 ℃时，并在考虑到假设的液货舱次绝缘层的温度下，能将环境温度维持在 5 ℃以上。

2. 系统的布置要求

（1）隔离空舱内和液体穹顶上液货管周围的空舱内设有两套乙二醇—水加热系统，其中有一套为常用，另一套为备用，应急时才使用。所以每一套系统或装置的总的容量都要满足系统的运行要求。

（2）系统内设有两台乙二醇—水循环泵，一台常用，一台备用。泵的压头为 30 m 水柱，排量为 25 m^3/h，可根据船舶的实际情况进行设置。

（3）系统中设有三台加热器，一台电加热器和两台蒸汽加热器。电加热器为常用，两台蒸汽器为备用。当电加热器损坏时，一台蒸汽加热器为常用，另一台为备用。要求加热器的出口温度最大可达 90 ℃。

（4）另外系统中还设有一台乙二醇—水的气动输送泵，将乙二醇—水的液体从混合柜输送到膨胀柜；一只乙二醇—水混合柜、一只乙二醇—水膨胀柜、一只乙二醇储存柜。

乙二醇从舷外注入至储存柜，根据需要依靠重力放至混合柜。混合柜上接有淡水注入管，按乙二醇含量为 45% 的比率进行混合。乙二醇—水混合液的凝固点必须低于 −30 ℃。

整个乙二醇—水加热系统为闭式循环系统，运行中损失的乙二醇—水由膨胀柜来的管路进行补充，膨胀柜同时供乙二醇—水升温后膨胀用，相当于普通淡水膨胀水箱的作用。

进入每个隔离空舱或液体穹顶上液货管周围的空舱前的常用和备用管路上均设在三通调节阀，可根据舱内的温度调节进入舱内管路的乙二醇—水流量。

（5）所在阀件和附件及设施均为就地操作，每一路分支管路均能单独运行，并通过分配集管分配流量和平衡加热温度。总的乙二醇—水循环量为 5 m^3 左右。

二、氮气系统

1. 氮气系统的用途

该系统用于液货舱主绝缘层和次绝缘的加压、液货系统四台压缩机的轴封、液货管和透气桅的吹洗、到锅炉的挥发气供给管路的吹洗和液货装卸集管的连接前后的吹洗。

薄膜型液化气船货舱四周敷设有两层绝缘层，与结构相接触的绝缘层称为次绝缘层，里面一层称为主绝缘层。绝缘层之间及主绝缘层与液货之间都有一层厚 0.7～1.0 mm 的金属薄膜，它的材料为铟瓦钢，即不胀钢。液货与船体结构之间的密封性由它来保证，液货的重量也由它来传送给船体结构。因而必须在绝缘空间充入氮气，以保证液货的重量均匀地传给船体结构，薄膜也不会受到损害，确保船舶的运行安全。实际上氮气起到气垫的作用，所以对绝缘层的压力控制非常重要。为防止主绝缘层屏障内氮气泄漏到 LNG 舱内，应保证填充在主绝缘层屏障内的氮气压力应略微低于舱内压力。同样为防止大气进入绝缘层，次绝缘层的压力略高于大气压力。因此舱内挥发气压力及每一层绝缘屏障内氮气气体压力均需压力监视并设置报警范围。绝缘层内的压力是通过安装在绝缘层内的压力传感器测得的，如压力偏低，可通过氮气系统注入氮气，如压力过高可启动空压机室内的真空泵通过氮气管路向外排出氮气。另外，布置在氮气管路上和每层绝缘层的安全阀对绝缘层内的压力也起到非常重要的调节作用。

绝缘层间的氮气除了加压外，通过对绝缘层间氮气中所含液化气量的测定，可以确定液货舱薄膜的完好情况，以采取相应措施。

2. 氮气系统的组成

氮气系统设有一组氮气发生装置，包含两套完全相同、可以独立运行的制氮系统，互为备用。此氮气发生装置作为一个整体由制造商提供。制氮用的空气来自日用空气和仪表空气系统中的三台空压机。制出的氮气储存于氮气储存柜内，本船的储存柜容积为 24 m^3，压力为 8 bar。

甲板上主要由两路总管组成，它们是至主绝缘层加压氮气总管和至次绝缘层加压氮气总管，另有一路吹洗用氮气总管布置在走道内。至每一舱绝缘层的分路均布置在隔离空舱内，主绝缘层注入管由液货舱的顶部进入，次绝缘层注入管由底部进入。

三、可燃气体探测系统

1. 系统的用途

可燃气体探测系统用于探测大气和氮气中的液化气含量。

2. 系统的组成

可燃气体探测系统由探测器和报警系统组成。探测的范围包括货舱区域、机舱和上层建筑区域。整个系统与 IAS（Integrated Automation System）系统连接。

船舶上应安装有两个不同可燃气体探测系统：

一个是基于红外线气体分析仪的系统，专用于分析通过取样管从绝缘空间抽出的气体，它们的管路都接至安装在货物电气设备室的可燃气体探测控制屏。

另一个是基于单点红外线探测仪的系统，用来监控上层建筑区域、液货系统机房（或称为货物辅机舱）、货物控制室、货物电气设备室、走道内、机舱、水手长储藏室以及货物区域内及可能积聚蒸发气的其他围蔽处所等空间大气中的可燃气体的含量。

机舱和锅炉区域的探测器还应提供在探测到大气中含有可燃气体时，关闭挥发气燃烧系统的功能。

(1) 氮气中可燃气体的测量。氮气中可燃气体的测量是连续进行的。它是红外线探测系统，每一个取样点由下列几部分组成：安装在取样点附近的滤器、可安装便携式分析仪的三通接口、至红外线分析仪的管路上的截止阀（球阀）——安装在货物电气设备室的外面、安装在分析仪控制屏内的火星熄灭器等。

控制屏上设有两套分析仪，分析仪的组成和功能如下：

①比例分析仪，一套分析仪用于主绝缘层内气体的分析，应能测量按容积从 0～100% 的气体浓度。当该蒸发气浓度达到在空气中的可燃下限 30% 时，应予报警。一套用于次绝缘层内气体的分析，应能测量按 LEL 从 0～100% 的气体浓度。当该蒸发气 LEL 达到在空气中的可燃下限 30% 时，应予报警。

②分析仪中蒸发气通过共用管路排至货物控制室的外面。

③可燃气体分析仪控制屏/控制箱应能在间隔时间不超过 30 min 时，依次从每个取样点取样和分析，记录下可燃气体的含量，并不得设置通向探测设备的共用取样管。当含量超过标准要求或系统发生故障时发出报警。

④可燃气体报警的读数在 IAS 系统中记录和报警，在 IAS 中，每只分析仪设有相应的组合报警，在系统发生故障时报警并延伸到驾驶室。可燃气体报警也应延伸至驾驶室。

⑤货物控制室内还应设置用于校验的气瓶。包括氮气瓶、1 只含 CH_4 为 5%（容积）的氮气瓶和 1 只含 CH_4 为 60%（容积）的氮气瓶。它们的容积均为 10 L、压力均为 15 MPa。

(2) 大气中可燃气体的测量。大气中可燃气体的测量一般采用设置传感器的单点红外线探测装置系统。每个探测点都设置防爆型的传感器，并连接到共用的中心控制装置，即 IAS 系统。单点红外线传感器尽可能直接连接到 IAS 系统作为数据的输入。

四、过热蒸汽系统

液化天然气船的动力装置一般采用蒸汽透平，主锅炉为双燃料锅炉，可以燃烧天然气和燃油。也可以采用电力推动动力装置，但用于发电的柴油发电机组也为双燃料发电机组。目前世界上各柴油机制造商还在开发能燃烧天然气的大功率低速柴油机，以代替蒸汽透平，提高效率。但目前在建的船舶仍以蒸汽透平作为主机的为多。

1. 主要设备

（1）锅炉。锅炉的各种参数应满足主机的要求，本系统中锅炉的最大蒸发量为 65 000 kg/h，正常蒸发量 55 000 kg/h。过热蒸汽出口压力为 61.8 bar，温度为 515 ℃。

图 5-3-1 所示为某锅炉的结构简图。它的主要部件有燃烧器、炉膛、水筒、汽筒、经济器和空气加热器。

①燃烧器。该锅炉配备的是燃油/燃气双燃料燃烧器，这是区别于普通锅炉的主要部件，如图 5-3-2 所示。

该燃烧器的中心部位为螺旋状的燃油喷嘴，当使用燃油作为燃料时，一定量的蒸汽和燃油一起进入旋转器，使燃油雾化后喷入炉膛，然后在炉膛内燃烧产生热量。当使用挥发气（燃气）作为燃料时，燃气通过燃油喷嘴周围的燃气喷嘴喷入炉膛，并通过燃油点火装置点火，实现燃烧。另外，燃烧器还配有红外线和紫外线火焰探测器，分别对燃油火焰情况和燃气火焰情况进行探测。

②水筒和汽筒。水筒设在锅炉的底部，直径约为 500 mm，内部还装有温度控制过热减热器，它通过控制流过浸没在水筒中的直管的蒸汽量来调节蒸汽的最终温度。它的工作原理是一定量的过热蒸汽从过热加热器（设在汽筒内）中引入安装在水筒内的温度控制过热减热器，温度降低，这部分的蒸汽又和没有减热的过热蒸汽相混合，对主蒸汽温度进行调节。这种蒸汽温度控制过热减热器与传统的喷水式过热减热器相比，它的优点是直管内不容易结垢，也没有热冲击，蒸汽的流量始终保持恒定，不会发生变化。

汽筒设在水筒的正上方，位于锅炉的顶部。它的直径约为 765 mm，在前端设有人孔，筒内装有蒸汽分离器，用来分离所产生的饱和蒸汽。

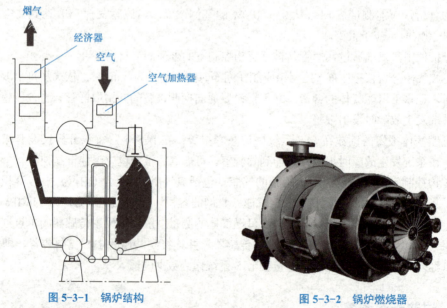

图 5-3-1 锅炉结构　　　　　图 5-3-2 锅炉燃烧器

③经济器和空气加热器。经济器设在烟气的排出口，利用锅炉的高温烟气对进入锅炉前的给水加热，可以达到节省燃料，提高锅炉的热效率的目的。经济器的材料采用抗腐蚀钢，而不

是传统的铸铁。由于抗腐蚀钢的最大腐蚀速率是铸铁的1/5，所以在相同厚度情况下可以延长使用寿命5倍。即使减薄壁厚，使经济器的重量降至原来的45%左右，其使用寿命仍可从3年延长至8年。由于重量减小，其制造成本也下降了50%。

空气加热器设在锅炉空气的进口，利用一定量的撤汽对进入炉膛之前的空气进行加热，使其达到约130 ℃，其目的也是提高燃烧的热效率。它与经济器一样都是节能装置。

（2）透平给水泵。本系统设有两套给水泵，其中一台为备用泵，故每台泵的排量均应能满足两台锅炉在最大蒸发时的给水量，并加上20%的裕量。

图5-3-3所示为背压式蒸汽透平的结构。该泵的进汽压力和温度分别为59.9 bar和510 ℃，排汽压力为4 bar，蒸汽耗量最大为4 932 kg/h，设计值为3 474 kg/h，供水量最大为169 m³/h，设计值为90 m³/h，吸入压头为55 m H_2O，压头增加量为880 mH_2O。

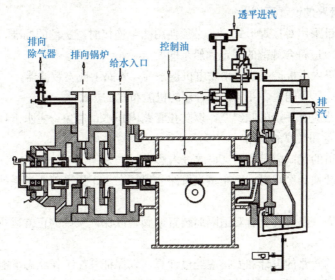

图 5-3-3　透平给水泵

这种给水泵的特点是采用紧耦合式结构，即泵的叶轮和透平被安装在同一根短轴上，减少了对弹性联轴节的需求，不仅在很大程度上方便了安装，也大大减少了整个透平给水泵的尺寸和重量。而且透平给水泵的轴向推力经过了精确的计算，使其达到基本平衡。由此推力轴承几乎不会发生摩擦，也不再需要安装轴向位移监测装置。

（3）透平发电机。透平发电机所采用蒸汽透平为冷凝式透平，其排汽真空度为717 mmHg。透平的进汽压力和温度与透平给水泵相同。每台发电机的输出功率为3 200 kW，两台发电机的总功率能满足货物装载和压载水操纵时的功率需求。透平与发电机之间装有减速齿轮箱，将透平转速（约为10 000 rpm）降低到发电机的转速（约1 800 rpm）。

（4）透平主机。本系统采用的透平主机主要由高压透平、低压透平、倒车透平和主冷凝器组成。它的主要特点如下：

①高压蒸汽透平和低压蒸汽透平为并列复式结构，同时主减速齿轮上采用双轴铰链结构，利用这些结构，蒸汽透平就可以根据船舶航行对功率的需要选择高压蒸汽透平单独工作、低压蒸汽透平单独工作或高低压蒸汽透平同时工作。

②倒车蒸汽透平被集成在低压蒸汽透平的前端，两者形成一个整体。这样，只要简单地关闭正车操纵阀，打开倒车操纵阀就可以实现倒车运行，而不需要复杂的倒车齿轮箱或采用可调

距桨来实现船舶的倒退。

蒸汽透平主机的运转方式：在 MCR（服务航速时的功率点）或输出功率较高工况时，倒车阀关闭，正车操纵阀打开，主锅炉向高压透平供汽，带动高压透平运转，从高压蒸汽透平排出的低压蒸汽经过高、低压蒸汽透平之间的连接管路进入低压蒸汽透平，再带动低压透平运转，低压蒸汽透平排出的蒸汽排入主冷凝器，这时的工况是高、低压蒸汽透平同时工作；当要求输出功率较低时，可以选择高压蒸汽透平或低压蒸汽透平单独工作，这时锅炉直接向高压蒸汽透平输入过热蒸汽或向低压蒸汽透平输入减热蒸汽。其中，仅低压透平工作时，其减热蒸汽由减热蒸汽和饱和蒸汽系统供给，排汽均直接回到主冷凝器；当倒车运行时，关闭正车操纵阀，打开倒车操纵阀，过热蒸汽通过倒车防护阀进入倒车蒸汽透平，就可以进行倒车运行。

2. 高温高压管路的设计原则

（1）管路应尽量采用对接焊形式，在必须使用法兰连接时，法兰的标准、垫片的材料、连接螺栓的材料和强度应符合规范的规定和船东的要求。

（2）过热蒸汽进入主机透平或透平发电机透平前，管路上应安装滤器。

（3）管路敷设应尽可能短，并考虑到合理的机舱布置的热膨胀。

（4）所有的管路应有一定的倾斜度，以防止管路内积水，避免产生水击现象。在管路的最低点应设置泄放装置和必要的管路。

（5）在撇汽管道的接口应避免撇汽再次进入透平。

（6）当从正车转换到倒车时，倒车蒸汽管路应保证在正车透平停止送气的同时立刻有蒸汽送入倒车透平。

（7）所有的仪表管路都应具有双道隔离装置或阀，以保证系统的正常运行和满足日常修理或试验的需要。

（8）高温高压的管路的设计和安排应经过计算，以保证其在工作状态下能承受额定的温度和压力，特别是保证管路运行时的热膨胀不会产生过度的应力。管路的应力计算应得到船级社和船东的认可。

☑【任务实施】

过热蒸汽系统工作原理如下：

过热系统主要是作为蒸汽透平主机、透平发电机和锅炉透平给水泵的动力来源。图 5-3-4 所示为该系统的原理。

该系统的原理相当简单，从锅炉产生的过热蒸汽通过管路直接送到主机透平、透平发电机和透平给水泵。但高温高压管路上的阀件都是一些特殊的阀件。其次是管路上自动化监测、报警点特别多。如至主机、发电机的管路上都装有流量、温度和压力的传感器，用于监测、记录和报警。

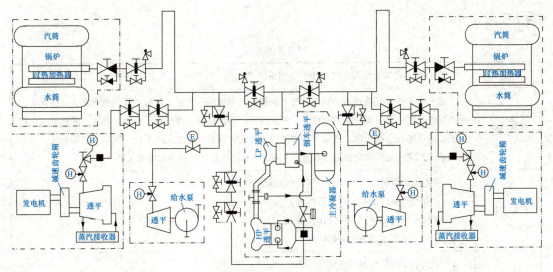

图 5-3-4　过热蒸汽系统原理

【任务评价】

学习任务工单

项目	项目五　调试散装液化气船舶的专用系统	任务	任务三　其他系统简介
任务描述	在液化气船舶上还有许多特殊的系统，如惰气及干燥空气管系、绝缘空间扫舱管系、氮气管系、可燃气体探测管系、消防水喷淋管系、液货舱液位遥测系统、液货区干粉灭火系统、隔离空舱加热系统、液货舱安全阀系统、液货管路的安全阀及吹洗管系、应急关闭系统、锅炉水分析系统、过热蒸汽系统、减热蒸汽和饱和蒸汽系统、中间撤汽和排汽系统、高压水雾系统等		
任务目标	1. 掌握隔离空舱加热系统的作用及布置要求。 2. 掌握氮气系统的系统作用及组成。 3. 掌握可燃气体探测系统作用及组成。 4. 掌握过热蒸汽系统的工作原理		
任务思考	1. 隔离空舱加热系统的作用是什么？ 2. 氮气系统的系统作用是什么？有哪些部分组成？ 3. 可燃气体探测系统作用是什么？有哪些部分组成？		
任务实施	1. 学生分组，每小组4～5人。 2. 每个成员按要求绘制过热蒸汽系统的工作路径。 3. 小组经过讨论确定任务结果，每小组由中心发言人陈述，经过全体同学讨论，确定正确结果。 4. 检查总结		
任务总结			
实施人员			
任务评价	任务评分标准		

序号	考核指标	分值	备注	得分
1	完成情况	20	在规定时间按时完成上交	
2	完成质量	50	内容准确、全面、充实	
3	小组活动参与度	30	高度完成小组角色，与其他成员合作完成任务	

指导教师：　　　　　日期：　　年　月　日

● 【课后练习】

1. 隔离空舱加热系统的作用是什么?

2. 过热蒸汽系统主要设备有哪些?

参考文献

[1] 孙文涛. 船舶管系放样与生产 [M]. 北京：北京理工大学出版社，2014.
[2] 刘兴永. 船舶管系工工艺与操作 [M]. 哈尔滨：哈尔滨工程大学出版社，2010.
[3] 屠文斌. 船舶管系工工艺 [M]. 哈尔滨：哈尔滨工程大学出版社，2010.
[4] 付锦云. 船舶管路系统 [M]. 哈尔滨：哈尔滨工程大学出版社，2009.
[5] 陈铁铭. 船舶管系 [M]. 北京：人民交通出版社，2007.
[6] 章炜樑，许正权. 船舶管系工 [M]. 北京：国防工业出版社，2008.
[7] 赵力电. 管工 [M]. 北京：机械工业出版社，2005.
[8] 胡忆沩，李鑫. 实用管工手册 [M]. 2版. 北京：化学工业出版社，2010.
[9] 郑国明. 管工常用技术手册 [M]. 上海：上海科学技术出版社，2008.
[10] 贾生超. 管工 [M]. 北京：机械工业出版社，2006.
[11] 姜兴峰. 船舶管路 [M]. 长春：吉林大学出版社，2005.
[12] 孙勇. 管工工作手册 [M]. 北京：化学工业出版社，2007.
[13] 鲁国良，王晖. 管工 [M]. 北京：化学工业出版社，2001.
[14] 叶平，乔国梁. 船舶管系工工艺 [M]. 哈尔滨：哈尔滨工程大学出版社，1994.
[15] 叶添法，罗诞华，施福章. 船舶管系工识图 [M]. 哈尔滨：哈尔滨工程大学出版社，1994.
[16] 中国船级社. 钢质海船入级规范2012. 北京：人民交通出版社，2012.